영화 사운드의 이해

아모르문디 영화 총서 3

영화 사운드의 이해

초판 펴낸 날 2016년 3월 2일
개정판 2쇄 펴낸 날 2023년 3월 30일

지은이 | 목혜정
펴낸이 | 김삼수
편 집 | 김소라
디자인 | 최인경

펴낸곳 | 아모르문디
등 록 | 제313-2005-00087호
주 소 | 서울시 마포구 성미산로13길 87 201호
전 화 | 0505-306-3336 팩 스 | 0505-303-3334
이메일 | amormundi1@daum.net

ISBN 979-11-91040-08-1 94680
ISBN 978-89-92448-37-6(세트)

※ 이 도서의 국립중앙도서관 출판예정도서목록(CIP)은 서지정보유통지원시스템 홈페
이지(http://seoji.nl.go.kr)와 국가자료공동목록시스템(http://www.nl.go.kr/kolisnet)에
서 이용하실 수 있습니다.

아모르문디 영화 총서·3
Amormundi Film Books

영화 사운드의 이해

목혜정 지음

아모르문디

'아모르문디 영화 총서'를 시작하며

영화가 탄생한 것은 1895년의 일입니다. 서구에서 영화에 대한 이론적 담론은 그로부터 한참 뒤인 1960년대에야 본격화되었습니다. 한국에서는 1980년대 후반의 일이었습니다. 대학원에 영화학과가 속속 생겨나면서 영화는 비로소 학문의 영역으로 들어왔고 연구자들에 의해 외국 서적들이 번역·소개되기 시작했습니다. 1990년대 중반까지만 해도 외국어로 된 책을 가지고 동아리 모임이나 대학원에서 함께 공부하고 토론했던 기억이 새롭습니다. 매일 선배나 동료들에게 애걸복걸하며 빌리거나 재복사를 한, 화면에 비가 내리는 비디오테이프를 두세 편씩 보고서야 잠이 들고 다른 언어로 된 이론서를 탐독하며 보냈던 시절은 어느덧 지나간 듯합니다. 이제는 구할 수 없는 영화가 없고 보지 못할 영화도 없습니다. 그럼에도 오늘 한국의 영화 담론은 어쩐지 정체되어 있는 듯합니다. 영화 담론의 장은 몇몇 사람들만의 현학적인 놀이터가 되어가고 있는 느낌입니다.

최근 한국의 영화 담론은 이론적 논거는 부실한 채 인상비평만 넘쳐나고 있습니다. 전문 영화 잡지들이 쇠퇴하는 상황에서 깊이 있는 비평과 이해는 점점 더 찾아보기 어려워지고 있습니다. 대학과 현장에서 사용하는 개론서들은 너무 오래전 이야기에 머물러 있고 절판되어 찾아보기 힘든 책들도 많습니다. 인용되고 예시되는 장면도 아주 예전 영화의 장면들입니다. 영화는 눈부신 속도로 발전하고 있는데, 그에 대한 이론적 논의는 그 속도를 따라가지 못하는 형국입니다. 물론 이론적 담론이 역동적인 영화의 발전 속도를 바로바로 따라잡기란 쉽지 않은 일입니다. 그럼에도 당대의 영화 예술에 대한 깊이 있는 이해는 비평적 접근을 통해서만 가능하다고 믿습니다. 이에 뜻을 함께하는 영화 연구자들이 모여 '아모르문디 영화 총서'를 시작하고자 합니다.

'아모르문디 영화 총서'는 작지만 큰 책을 지향합니다. 책의 무게는 가볍지만 내용은 가볍지 않은 영화에 관한 담론들이 다채롭게 펼쳐질 것입니다. 또한 영화를 이미지 없이 설명하거나 스틸 사진 한두 장으로 논의하던 종래의 방식을 벗어나 일부 장면들은 동영상을 볼 수 있도록 기획하였습니다. 예시로 제시되는 영화들도 비교적 최근의 영화들로 선택했습니다. 각 권의 주제들은 독립적이면서도 서로 연관관계를 갖도록 설계했습니다. '아모르문디 영화 총서'는 큰 주제에서 작은 주제들로 심화되는 방향으로 구성되어 있습니다.

정체되어 있는 한국 영화 담론의 물꼬를 트고 보다 생산적인 논의들이 확장되고 발전하는 데 초석이 되었으면 하는 것이 '아모르문디 영화 총서'의 꿈입니다. 영화 담론의 발전이 궁극적으로 영화의 발전을 가져올 것이고 그 영화를 통해 우리의 삶이 더 풍요롭고 의미 있는 것이 되었으면 합니다.

기획위원 김윤아

들어가는 글

영화를 전공하는 사람들은 "어떤 영화를 좋아하는가?"라는 질문을 자주 받습니다. 호기심을 자극하는 영화, 매력적인 이미지가 있는 영화, 생각거리를 제공하는 영화도 좋지만 영화가 끝난 후에도 그 울림이 깊이 남는 영화가 역시 좋습니다. 돌이켜보면 그런 영화의 울림 속에는 음악이 섞여 있었습니다. 영화음악에 대한 애정과 관심에서 출발하여 사운드에 대한 연구를 하다 보니 음악만이 아니라 배우들의 특별한 발성과 호흡 속에서도 감동의 요소를 발견할 수 있었습니다. 추격전이 멋진 영화에는 특별히 리듬감 있는 음악이 재미를 더해주고 작은 발자국 소리가 공포감을 만들기도 합니다. 사운드는 이미지와 다양한 방식으로 직조되며 영화의 감동과 재미의 중요한 원천이 됩니다. 이렇게 영화의 주요 구성요소인 사운드에 대해 알게 되면 영화를 더 풍부하게 감상할 수 있을 것입니다.

이 책은 영화 사운드의 세계를 쉽게 이해하도록 안내해줄 것입니다. 영화음악이 좋은 사람, 영화를 보고 나서 "사운드가 좋았어."라며 사운드에 관심을 보이는 사람은 물론 영화에 대한 글을 처음 접하는 사람들도 영화 사운드에 대한 지식을 얻을 수 있습니다. 극장의 사운드 시스템에서 시작해서 사운드의 요소들과 표현의 방법들을 서술한 이 책의 각 장은 질문으로 시작합니다. 이 질문에 나름의 답을 해본 후 본문을 읽으면 내용이 더 잘 이해될 것입니다. 그리고 인용된 영화들은 가능한 많은 독자들이 보았을 영화로 택했습니다. 직접 소리를 들려줄 수 없음은 안타깝지만 영화의 장면을 통해 소리를 떠올릴 수 있도록 함께 사진을 실어 보완했습니다. 직접 본 영화가 아닐 지라도 설명과 사진을 함께 보면 충분히 소리를 상상할 수 있을 것입니다. 물론 예로 든 영화들을 찾아 인용 부분을 직접 보고 듣는다면 더욱 좋겠지요.

　전체적으로 쉽게 읽힐 수 있도록 서술했지만 영화 사운드 이론에 나오는 다양한 전문 용어들도 충분히 공부할 수 있습니다. 글 중간 중간에 있는 박스에는 어렵게 들리는 용어들이 쉽게 풀이되어 있습니다. 그리고 역시 박스에는 사운드 제작과 관련된 뒷이야기들도 실었는데 이는 영화 사운드의 세계에 더 흥미를 갖고 다가가게 해줄 것입니다. 이 책은 영화 사운드에 대한 안내서이지만 영화감독, 방송 PD, 영화음악 감독, 동시녹음기사, 폴리 아티스트, 사운드 디자이너, 사운드 엔지니어, 영화 편집자 등 영화나 방송 일에 직접 종사하기를 원하는 사람들에게도 입문서로 기능할 것입니다. 영화 사운드에 대해 더 깊이 이해하고 전공자로서 한층 심도 있는 지식을 원하는 독자들은 책 뒷부분의 참고문헌을 찾아 읽어보면 도움이 될 것입니다. 그래서 참고문헌을 영화음악 관련, 사운드 디자인 관련 등으로 나누어 실었습니다. 이 책이 독자들이 종합예술로서의 영화를 즐기는 것에 도움이 되길 바랍니다.

2016년 3월
저자 목혜정

들어가는 글 ⋯ 6

Ⅰ. 영화 사운드 세계의 문 앞에서 ⋯ 10

   1. 소리는 우리를 감싼다 ⋯ 10

   2. 소리는 섞여서 들린다 ⋯ 16

Ⅱ. 영화 사운드의 종류 ⋯ 20

   1. 동시녹음과 후시녹음 ⋯ 20

   2. 영화 사운드의 기본 요소 ⋯ 22

   3. 이야기 안 소리와 이야기 밖 소리 ⋯ 35

   4. 화면 안 소리와 화면 밖 소리 ⋯ 39

   5. 아쿠스마티끄 ⋯ 42

Ⅲ. 영화 사운드 작업의 과정과 직업 ⋯ 46

   1. 사운드 디자인 ⋯ 47

   2. 동시녹음 ⋯ 49

   3. 소리의 창조 ⋯ 53

   4. 영화음악 준비 ⋯ 56

   5. 폴리 아티스트 ⋯ 57

   6. 사운드 에디터 ⋯ 59

Ⅲ. 사운드 연출 ⋯ 61

   1. 영화음악 연출 ⋯ 61

   2. 시공간의 표현 ⋯ 79

   3. 청점 ⋯ 94

   4. 사운드 대위법 ⋯ 103

   5. 리듬감 표현 ⋯ 110

   6. 이미지 편집과 사운드 ⋯ 116

   7. 소리의 과장과 축소 ⋯ 122

   8. 상호텍스트성 ⋯ 125

Ⅳ. 장르와 사운드 ⋯ 129

   1. 갱스터 장르와 사운드 ⋯ 129

   2. 호러 장르와 사운드 ⋯ 134

   3. 코미디 장르와 사운드 ⋯ 137

나오는 글 ⋯ 140

참고문헌 ⋯ 142

I. 영화 사운드 세계의 문 앞에서

1. 소리는 우리를 감싼다

◆ 빛은 직선으로 움직입니다. 소리는 어떻게 움직일까요?

우리는 가끔 영화가 시작되는 시간보다 늦게 헐레벌떡 영화관을 들어갈 때가 있습니다. 상영관 문을 열기 전부터 우리는 영화관 특유의 소리를 들을 수 있습니다. 자리를 찾기 위해 허리를 굽히고 다니면서 당장 스크린은 못 봐도 들리는 소리로 영화가 시작된 것을 알 수 있고 배우의 목소리를 듣게 되지요. 곧 자리를 잡고 영화를 볼 수 있다는 안도감을 느끼며 스크린을 볼 때, 그제야 우리는 영화를 보고 들을 수 있게 됩니다. 직선으로 움직이는 빛의 성질 때문에 빛이 직선으로 향하는 곳에 우리 눈이 있어야 보는 것이 가능합니다.

아무리 3D 영화가 만들어져도 스크린은 2차원 평면이고 우리의 눈과 스크린에 반사되는 빛은 선으로 연결됩니다.

그러나 소리는 다릅니다. 소리가 만들어내는 진동은 우리의 귀를 감쌉니다. 물론 스피커의 위치에 따라 소리의 방향도 크기도 다르게 다가오지만 소리의 진동은 퍼지는 속성이 있기 때문에 영화관에서 고개를 돌려도, 벽이 있어도 일정한 소리를 들을 수 있습니다. 〔그림1〕과 〔그림2〕처럼 음원에서 나온 음파는 원을 그리며 우리의 귀로 들어오지요. 우리는 '영화를 본다'고 하지 '영화를 듣는다'라고는 말하지 않습니다. 영화에서 보는 것은 필수 조건이기에 영화를 '본다'는 말도 맞지만 이제 듣는 것도 큰 비중을 차지하게 되었습니다. 감싸는 소리를 만끽하면서 영화를 본다면 영화는 더 흥미롭게 다가올 것입니다. 그래서 이제 우리는 이렇게 말해야 할 것 같습니다. "나는 영화를 보고 듣는다."

영화는 무성영화로 시작되었고 시각예술로 여겨져 왔습

〔그림1〕 원으로 된 음파

〔그림2〕 음파 상태로의 전달

니다. 그러나 무성영화 시대에도 소리가 없었던 것은 아닙니다. 음악이 연주되거나 변사가 대사를 읊기도 했었지요. 유럽이나 미국의 경우 음악을 따로 틀어놓거나 음악가들이 극장에서 화면의 움직임에 맞춰 음악을 연주하기도 했답니다. 우리나라나 일본의 경우 구수한 목소리의 변사가 스크린 밑에서 대사도 읊고 내레이션도 해주었습니다. 소리까지 같이 듣고 싶은 관객의 욕구는 1927년 유성영화가 시작되면서 본격적으로 충족되었고 이제는 극장 사운드 수준을 고려하면서 영화관을 선택하는 시대가 되었습니다. 소리가 크게 잘 들리는 것을 원할 뿐 아니라 여러 방향의 소리를 느끼며 듣고 싶어 하는 사람도 늘어가고 있지요.

☞ **무성영화와 변사**

무성영화 시절 미국이나 유럽에서는 스크린 앞에서 음악을 연주하거나 녹음된 음악을 트는 방식으로 소리를 보충했습니다. 또 스크린 뒤에서 성우가 목소리를 대신 내주는 경우도 있었습니다. 한국과 일본에는 스크린 앞이나 옆에서 목소리를 내며 더 적극적인 역할을 하는 변사들이 있었습니다. 변사는 목소리를 바꿔가며 등장인물의 대사를 읊고 영화 소개, 해설까지 했다고 합니다. 극장마다 전속 변사를 두고 관객은 변사가 누군지를 확인하면서 극장을 선택했을 정도였답니다. 지금은 그 특유의 목소리가 패러디 대상이 되거나, 간혹 이벤트로 하는 고전 무성영화 상영에 등장하는 수준으로 '변사'는 우리에게 남아 있습니다.

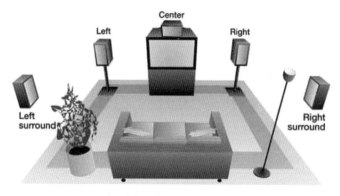

［그림3］ 돌비 5.1 스피커 시스템

◆ 영화를 볼 때 소리가 위에서도 들린 적이 있나요?

영화관이란 공간에서 소리가 다양한 방향에서 들리는 것은 스피커 시스템이 개발되었기 때문에 가능해졌습니다. '돌비'라는 말을 들어보셨지요? 돌비란 원래 음향기를 개발한 회사 이름입니다. 이제는 영화관의 음향 시스템을 지칭하는 이 용어 뒤에는 숫자가 붙어 있습니다. 가장 흔히 볼 수 있는 숫자는 5.1입니다. 뒤의 1이라는 숫자는 우퍼(초저음을 내보내는 기능을 하며 관객이 영화관에서 쿵쿵 울리는 소리를 느낄 수 있게 해줍니다) 수를 말하며 앞의 5는 스피커 숫자지요. 스크린 뒤에 1개, 앞쪽 양옆에 2개, 뒤쪽 양옆에 2개의 스피커가 설치되었다는 것을 뜻합니다. 대부분의 영화관은 돌비 5.1 스피커 시스템을 갖추고 있습니다. 소리의 입체감을 느낄 수 있도록 녹음 때부터 좌우의 스피커에서 출력될

소리의 크기를 다르게 설정
합니다. 예를 들어 자동차가
스크린 왼쪽에서 오른쪽으
로 이동하는 장면이 있을 때
처음에는 왼쪽 스피커에서
자동차 엔진 소리가 들리고
왼쪽 스피커 소리는 점점 줄
어들면서 오른쪽 스피커 소

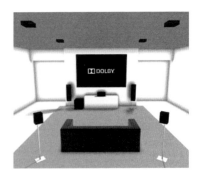

[그림4] 돌비 애트모스 시스템

리가 커집니다. 이때 관객은 화면 속 자동차의 이동을 소리
로도 느낄 수 있게 됩니다. 홈 씨어터 사운드 시스템을 집에
설치할 때도 [그림3]과 [그림4]처럼 똑같이 스피커 위치와
개수가 적용됩니다.*

　5.1에서 앞의 숫자가 점점 늘어나서 7.1, 11.1 그리고
13.1이라는 숫자도 등장했습니다. 13개의 스피커가 설치된
다는 뜻이고 그만큼 소리가 입체적으로 둘러싸는 느낌을 만
끽할 수 있지요. 그런데 이제는 전후좌우 수준을 넘는 획기
적 변화가 일어났습니다. '돌비 애트모스(dolby atmos)'라
는 시스템은 [그림4]처럼 천장에까지 스피커가 들어가면서
64개 채널까지 가능하게 되어 소리는 전후좌우, 위아래, 사
선으로까지 다른 음량으로 전달됩니다. 그리고 후반 작업에

---

* www.heimkinoraum.de/tests/dolby-surround-systeme-8211;-von-den

서 수많은 채널로 조정하여 기존에 소리가 다소 끊기며 옮겨 다니는 느낌을 극복하고 훨씬 부드럽고 자연스럽게 소리가 퍼지고 이동할 수 있게 되었습니다. 말 그대로 우리는 영화 관에서 소리에 둘러싸인 채 영화를 볼 수 있게 되었답니다.

최근에는 돌비 애트머스를 집에서도 즐길 수 있습니다. 돌비 5.1에 맞춰 홈시어터 시스템을 집에 설치할 때 스피커 를 여러 개 들여놓던 시절이 있었지요. 애트모스를 위해 마 찬가지로 천장까지 스피커를 달며 사운드를 즐기는 매니아

☞ **돌비 애트모스**

우리나라에 13.1이 처음 설치된 곳은 롯데시네마 청량리관이며 돌비 애트 모스 상영관은 목동과 코엑스 메가박스 M2, 롯데시네마 슈퍼사운드 등으 로 계속 늘어갔습니다. 녹음 때부터 이에 맞춰야 이 시스템을 즐길 수 있 는데 애니메이션 《메리다와 마법이 숲》이 처음 이 시스템에 맞춰 녹음되었 고 《미션 임파서블5》, 《앤트맨》 등이 뒤를 이었습니다. 《그래비티》는 이 방식을 가장 잘 적용한 영화로 찬사를 받습니다. 한국영화 중에는 《미스터 고》를 시작으로 《군도》, 《신과 함께》, 《기생충》까지 대작들은 거의 돌비 애트모스 방식으로 상영을 준비했습니다. 극장의 진화는 이후로도 계속되 어 2020년에는 돌비 시네마관이 메가박스 코엑스부터 선보였습니다. 돌비 래버러토리가 '돌비 비전'이라는 첨단 상영 시스템과 돌비 애트모스를 결합 해 운영을 시작했는데 우리나라에서도 새로운 영화 관람 경험이 가능해진 것입니다. 선택지가 다양해진 요즘 영화를 보러 가기 전에 녹음방식과 영 화관 사운드 시스템도 확인할 수 있다면 당신은 영화 사운드 고수라 할 수 있겠지요.

들도 생겼습니다. 그런데 스피커 개수가 많지 않아도 소리의 반사를 이용해 비슷한 효과를 내는 사운드바들이 계속 나오고 있습니다. 이 기술은 여전히 진화하고 있고 작품 자체의 녹음수준과 사운드바의 퀄리티에 따라 다양한 수준의 돌비 애트모스 경험을 할 수 있습니다. 그뿐이 아닙니다. 모바일의 돌비 애트모스 지원을 통해 이어폰을 꽂고도 돌비 애트모스를 즐길 수 있습니다. 각 모바일 기기 회사들은 어떤 모델이 돌비 애트모스가 지원되고 있는지 알려줍니다. 이제 여러 선택지를 가지고 즐길 수 있는 돌비 애트모스의 시대가 온 것이고 이 흐름은 계속될 것입니다.

2. 소리는 섞여서 들린다

◆ 여러 개의 소리는 어떻게 하나의 소리로 만들어질까요?

영화관에서 소리를 들을 때 이렇게 다양한 스피커를 통해 소리가 나오더라도 우리의 귀는 한꺼번에 소리를 듣습니다. 왼쪽 스피커에서는 음악 소리가 작고 자동차 소리가 크며, 오른쪽 스피커에서는 자동차 소리가 작고 음악 소리와 사람의 목소리가 클 수도 있고, 천장 스피커에서는 헬리콥터 소리가 들릴 수도 있습니다. 그러나 우리는 그 모든 소리를 한꺼번에 듣습니다. 영화 촬영이 끝난 다음의 후반 작업에서

[그림5] 편집툴에 보이는 이미지 트랙

소리는 화면과 조화를 이루도록 믹싱작업을 합니다. 요즘 간단한 편집 프로그램이나 앱이 굉장이 많아졌는데요. 작업이 쉬운 프로그램을 조금이라도 만져보신 분이라면 다음과 같은 그림을 본 적이 있을 것입니다.

이 작업에서는 이미지 트랙이 있고 배경음악을 담은 음성 트랙이 한 줄 있습니다. 간단한 툴에서는 대체로 이미 대사가 동시녹음된 이미지와 나중에 덧붙여지는 음악을 믹싱하지요. 그런데 프로툴(protool) 같은 사운드 전문 툴은 말할 것도 없고 프리미어나 파이널컷 같은 영화 편집 프로그램을 활용해서 사운드믹싱을 할 경우도 사운드의 트랙 숫자는 얼마든지 늘어날 수 있습니다. 동시녹음이 불가능한 작품, 즉 소리를 후반 작업에서 다 만들고 조합해야 하는 애니메이션을 가정해보지요. 캐릭터1이 시골에 사는 캐릭터2를 찾아가 문을 두드리며 "나 왔는데 문 좀 열어줘"라는 대사를 하는 장면의 사운드 구성 목록을 만들어봅시다. 위의 대사, 문 두

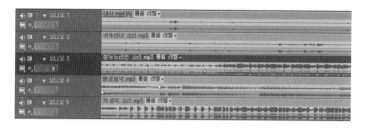

[그림6] 위의 5개의 소리를 실제 트랙으로 만든 이미지

드리는 소리, 멀리서 들리는 자동차 경적 소리, 시골 느낌이
나게 밤벌레 울음소리, 잔잔한 배경음악 소리 이렇게 5개의
소리를 만들어 봅시다. 위 그림처럼 5개의 트랙이 만들어집
니다. 이 5개의 트랙에 있는 소리는 따로 만들어졌지만 이미
지의 흐름에 맞춰 한꺼번에 우리 귀에 들립니다. 이미지에
동기화를 시키면서 각 부분의 볼륨을 조절하지요. 대사가 나
오는 부분에서는 다른 부분 소리를 모두 줄인다든지, 자동차
경적 소리가 커졌다 줄었다 하는 식으로요.

위의 트랙은 불과 5개로 이루어져 있지만 실제 영화를 만
들 때는 훨씬 많은 숫자의 사운드트랙이 설정되고 그 여러
개의 소리가 조합됩니다. 그리고 타임라인에 맞춰 각 트랙의
소리의 강약을 다르게 설정하며, 또 그 소리가 이동 방향까
지 고려하며 어떤 스피커에 어떤 크기로 들려질지가 후반 작
업에서 다 세팅됩니다. 우리는 그 소리의 총체를 영화관에서
듣는 것이지요. 이렇게 소리는 섞여서 들리는 것입니다.

◆ 최근 본 영화에서 대사 말고 여러분의 귀에 남아 있는 소리는 무엇인가요?

사운드를 전문적으로 만들거나 분석하는 사람들이 아니고는 한꺼번에 들었던 소리가 어떤 소리들의 조합인지 굳이 추적해보지 않습니다. 무엇보다 뒤섞인 그 모든 소리를 듣고 기억하는 것도 쉽지 않습니다. 일단 대사는 내용을 따라가기 위해 잘 듣지요. 각종 효과음은 크게 들리는 것도 있고 잘 안 들리는 것도 있습니다. 음악도 특별히 멋진 음악들 외에는 기억이 잘 나지 않고 심지어 어떤 장면에서는 음악이 나왔었는지도 가물가물하지요. 영화 사운드트랙은 여러 소리의 조합이고 우리 귀는 경험의 유무, 리스닝 능력, 감정 몰입도 등의 영향으로 소리를 선택적으로 듣기 때문입니다.

이렇게 뒤섞인 소리를 구분하는 방법은 다양합니다. 우선 현장에서 직접 녹음했는지 여부에 따라 동시녹음과 후시녹음으로 구분하고, 영화 사운드를 구성하는 세 요소로 구별하기도 합니다. 그리고 음원과 이야기의 관계로 구분하는 방법도 있습니다. 위에서 말한 대로 소리는 한꺼번에 나오고 선택적으로 듣고 기억됩니다. 그런데 이렇게 여러 방식으로 소리를 구별할 수 있다면 더 많은 소리를 즐기게 되며 연출을 이해하고 자신만의 해석을 풍부하게 해나갈 수 있답니다. 그리고 독자들 중 영화연출이나 사운드 연출에 관심이 있는 사람이라면 반드시 이 구분들을 정확히 할 수 있어야겠지요.

Ⅱ. 영화 사운드의 종류

1. 동시녹음과 후시녹음

◆ 영화에서 들리는 소리는 모두 촬영현장에서 녹음한 걸까요?

영화 촬영장에서는 카메라뿐 아니라 동시녹음기라는 기계도 같이 돌아갑니다. 촬영 현장에서 이렇게 직접 소리를 담는 것을 동시녹음이라고 합니다. 동시녹음에서 채취되는 소리는 대사와 현장음입니다. 동시녹음 담당자들은 이 소리를 녹음할 마이크 종류(지향성 마이크, 붐 마이크 등)를 선택해서 적절한 장소에 설치하는 능력이 있어야 합니다. 대사녹음은 촬영이 진행되는 동안에만 담을 수 있지만 현장음(주변의 물소리, 새소리, 시장통의 흥정 소리 등)은 촬영 전후에 별도로 녹음을 해놓기도 합니다. 이렇게 현장에서 녹음된 소리는 잡음도 많고 이미지 편집에 맞춰야 하기 때문에 스크립터가 어느 촬영 현장에서 언제 녹음한 것인지를 꼼꼼히 기록한 후 사운드 후반 작업으로 넘겨집니다.

후반 작업에서 1차로 하는 일은 동시녹음한 소리 특히 대사에서 노이즈를 빼는 클리닝 작업입니다. 환경 소리도 쓰일

《봄날은 간다》, 스타맥스,
2007, 56m 41s; 110m 36s.

☞ **녹음기사의 세계**

《봄날은 간다》에서 유지태의 직업은 녹음기사입니다. 위의 그림은 영화 속에서 녹음하는 장면입니다. 영화 동시녹음은 아니지만 다양한 자연의 소리를 담고 있지요. 허진호 감독과 작업을 많이 했던 우리나라 최고의 동시녹음 기사 중 한 분인 이병하 수퍼바이저가 배우 유지태에게 동시녹음 훈련을 시키기 위해 같이 녹음 여행도 했고 작업실에서 전선 연결 과정도 학습시켰다고 합니다. 유지태는 잠깐 포즈만 취한 것이 아니라 실제 동시녹음 세계에 흠뻑 빠졌던 것이지요. 한편 위의 바닷가 파도 소리 녹음 장소는 동해안 망상 해수욕장, 보리밭 소리는 전북 고창 탐진만에서 녹음되었다는 사실이 알려지면서 관광 명소가 되기도 했답니다.

만한 것들을 추려내겠지요. 이렇게 동시녹음한 소리들을 정비하는 작업이 진행되면서 동시에 새로 소리를 만들어 녹음하는 작업도 해야 합니다. 이를 후시녹음이라고 합니다. 만일 대사 녹음 부분이 부실한 것이 있다면 배우가 다시 녹음하기도 하고, 필요한 각종 음향들도 녹음을 합니다. 물론 음악도 별도로 녹음을 해야겠지요. 후반 작업에서는 이 모든 소리들을 이미지와 맞추고 극장의 스피커 시스템에 맞춰 소리의 이동까지 고려한 사운드 편집을 합니다. 구체적으로 어떤 소리들이 동시녹음, 후시녹음 되는지는 대사, 음향, 음악별로 언급을 할 것입니다.

2. 영화 사운드의 기본 요소

1) 음성언어(대사, 내레이션)

◆ "향숙이? 향숙이 이뻤다!"는 어떤 영화, 누구의 대사일까요?

영화에서 사운드는 대사, 음향, 음악 세 가지로 구분됩니다. 이를 영화 사운드의 3요소라고 하지요. 그중 대사는 배우의 음성언어입니다. 영화 감상 후기를 보면 명대사에 대한 언급들이 있습니다. 명대사는 음성언어의 감성이 실려 있긴 하지만 내용 자체는 사운드 영역이라기보다는 시나리오, 문학의 영역이라 할 수 있습니다. 사운드 영역에서 대사를 말할 때는 배우의 음성에 관한 것을 지칭합니다. 목소리의 톤, 그 속에 실린 감성에 관한 것이지요. 소리의 특성을 만드는 것은 소리의 볼륨, 피치, 톤 세 가지입니다. 볼륨은 소리의 크기고, 피치는 높낮이며, 톤은 고유의 색깔입니다. 이미지 없이 목소리만 듣고도 우리는 어떤 배우인지 아는 경우가 많습니다. 위의 세 요소가 한 사람의 목소리에 각각의 방식으로 결합되어 있기 때문에 구별을 할 수 있는 것입니다.

한 배우는 자신의 고유의 목소리를 가지고 역할에 따라 장면에 따라 다른 느낌의 소리를 만들어냅니다. 근엄한 목소리, 요염한 목소리, 화난 목소리, 기쁨이 넘쳐나는 목소리 등을 만들지요. 발성의 정확도와 더불어 이런 다양한 목소리를

☞ **대사가 안 들려~!**

많은 사람들이 "한국영화는 대사를 잘 알아들을 수가 없다"고 말합니다. 반면 할리우드 영화는 의미는 자막을 봐야 알아도 배우들의 목소리는 뚜렷하게 들립니다. 이 차이는 대사의 동시녹음, 후시녹음 비율의 차이 때문입니다. 한국영화의 경우 대사가 잘 녹음이 안 되었거나 특별한 목소리 연기를 감독이 다시 주문할 때만 후시녹음을 추가합니다. 그러나 할리우드에서는 대사의 후시녹음 비율이 50% 이상, 많게는 90%까지 된다고 합니다. 또 배우의 발음, 후시녹음 능력이 중시되는 문화 등 여러 요인도 작용합니다.(자세한 것은 Ⅲ-2 참고)

상황에 맞춰 얼마나 잘 만들어내는가가 배우의 목소리 연기의 척도가 됩니다. 여기에는 호흡도 개입이 됩니다. 발성과정에서 미세한 숨소리까지 관객의 감동을 만들 때가 있습니다. 또한 이야기가 흘러가는 중 어디에 대사가 배치되는지, 그 대사를 말하는 캐릭터는 그 이야기 속에 어떤 특성을 가지는지에 따라 같은 문자언어라도 음성언어화 될 때 다른 느낌을 만들어냅니다.

자, 이제 위의 질문에 답해 볼까요. "향숙이 이뻤다"라는 간단한 문장은 그리움이 가득 담긴 로맨틱한 말이 될 수도 있고 까불까불한 소년의 말일 수도 있습니다. 이 문장 자체는 아주 여러 가능성을 내포합니다. 그런데 이 대사는 바로 《살인의 추억》에서 초기에 범인으로 조사받던 백강호(박노식)의 대사입니다. 어리바리하고 변태적인 표정으로 내뱉던 이 대사는 이 영화 속 그 캐릭터만이 만들어낼 수 있었던 특유의 느낌을 주었습니다.

초기 유성영화 시절의 감독이었던 르네 끌레르는 언어가 감독을 제약하기는커녕 오히려 자유를 더 많이 허용한다고 말한 바 있습니다. 대사는 화자의 계층, 지역, 직업, 편견 같은 것을 드러낼 수 있기 때문에 이런 것들을 시각적으로 형성하는 노력을 훨씬 경감시킨다는 것입니다.*

---

* L. 자네티, 『영화의 이론과 실제』, 김진해 옮김, 현암사, 2001, pp.202-211.

이렇게 대사를 책임지는 배우의 목소리가 중요하다 보니 감독이 배우를 캐스팅할 때 특별히 목소리를 고려하면서 캐스팅하는 경우도 있고, 목소리 때문에 캐스팅이 안 되는 경우도 있습니다. 특히 애니메이션의 경우 목소리는 성우나 배우가 맡아야 하기 때문에 '목소리 캐스팅', '목소리 연기'라는 용어가 생겨나게 되었습니다. 과거에는 성우들이 목소리 연기를 주로 했는데 애니메이션의 마케팅에 목소리 연기를 하는 배우가 동원되는 요즈음은 배우들, 아이돌 가수까지 캐스팅이 됩니다. 《토이 스토리》의 톰 행크스, 《가디언스》의 휴 잭맨, 쥬드 로 등이 화제가 된 경우고, 애니메이션은 아니지만 목소리 연기가 중요한 영화 《그녀(Her)》에서는 스칼렛 요한슨의 목소리 연기가 큰 인상을 남겼습니다.

대사와 구별되는 다른 음성 사운드에는 내레이션이 있습니다. 내레이션의 기능은 이야기의 진행을 설명해주며 이미지로 표현되기 힘든 내면의 소리까지 들려주고 가치와 철학에 대한 입장을 말하는 것입니다. 문학적 요소를 보충해준다고 할 수 있습니다. 내레이션은 독백과 달리 관객에게 직접적으로 말을 하는 것입니다. 영화에 내레이션이 들어가는 정도는 영화마다 다릅니다. 영화 끝에 에필로그 형식으로 잠시 들어가는 경우도 있고 영화 내내 말 그대로 이야기를 끌어가는 기능을 하기도 합니다.

내레이션을 누가 하는가는 문학의 시점 개념과 통합니다.

문학에서 1인칭 주인공 시점, 3인칭 관찰자 시점, 전지적 시점 등이 있지요. 내레이터가 인물들의 심리상태까지 모두 아는 전지적 시점으로 이야기를 풀어나가는 대표적인 영화가 《아멜리에》입니다. 동화를 들려주듯 말을 하는 이 내레이터는 아멜리에가 태어날 때부터 등장인물에 대해 설명할 뿐 아니라 "보통의 여자라면 이렇게 행동했을 텐데 아멜리아는 그런 확인사살을 원하지 않았다"라는 등을 말하며 등장인물의 생각까지도 들려줍니다. 내레이터가 주인공이면 1인칭 주인공 시점과 같은 요소가 있습니다. 《포레스트 검프》가 대표적인 경우입니다. 극영화에서는 3인칭 관찰자 시점과 유사하게 등장인물 중 한 명이 관찰자가 되어 이야기를 풀어나

☞ **보이스 오버와 내레이션**

내레이션이란 말은 내레이트(narrate)라는 동사에서 나왔습니다. 내레이팅이란 이야기를 만들어간다는 스토리텔링의 개념이기도 합니다. 그래서 이야기를 전체적으로 끌어나가는 것 중심으로 설명한 이 부분에서는 내레이션이라는 단어를 사용했지요. '보이스 오버'의 어원은 형식과 관련됩니다. 보이스 오버는 동시녹음에서 나오는 목소리가 아니라 보이는 화면 위에 목소리가 덧붙여진다는 뜻이지요. 내레이션이 보이스 오버와 같은 말로 쓰일 수도 있습니다. 그러나 영화 속 캐릭터가 혼자 속으로 생각하는 말을 보이스 오버로 한다거나 편지를 읽는 장면을 보이스 오버로 하는 경우들은 내레이팅과는 거리가 있습니다. 그래서 이런 보이스 오버는 내레이션과 같은 뜻으로 쓰이지 않습니다.

가는 경우가 많습니다. 《위대한 개츠비》, 《소피의 선택》 같은 영화는 영화 속 등장인물 중 한 명이 문학가고 그가 본 이야기를 해주는 방식으로 진행이 됩니다. 애니메이션 《늑대 아이》 같은 경우는 엄마의 이야기 부분에서는 관찰자로서, 후반 자신의 성장 이야기에서는 주인공 시점으로 내레이션을 합니다. 《늑대 아이》처럼 시간의 흐름 속에서 내레이터가 바뀌는 경우도 있지만 등장인물들이 번갈아 내레이터가 되면서 자신의 시각에서 이야기를 펼치기도 합니다. 《일대종사》에서는 양조위의 내레이션 분량이 많지만 영화가 마무리되면서 장쯔이의 내레이션도 나오는데요. 관객들이 영화 속 인물들 각각의 입장이 되어 입체적으로 영화를 이해할 수 있게 하는 경우입니다. 또 내레이터가 관객을 앞에 두고 이야기를 들려주는 것 같은 형식을 취할 수도 있습니다. 《에놀라 홈즈》라는 영국 드라마에서 주인공 에놀라는 "자 이야기를 시작해볼까요", "이제 다음 이야기로 넘어가지요" 등을 카메라를 정면으로 쳐다보면서 말합니다. 캐릭터가 화자로서 관객에게 이야기를 들려주는 것을 분명히 하는 방식이지요. 출연자가 아닌데 내레이션을 하는 경우는 극영화보다는 다큐멘터리에 많습니다. 《밤과 안개》라는 유태인 학살에 관한 내용을 담은 다큐멘터리는 시를 읊는 듯한 내레이터의 목소리와 음성의 리듬감이 찬사를 받았습니다.

2) 음향(효과음)

◆ 움직일 때 소리가 날까요?

음향은 음성언어를 제외하고 사람이나 사물이 내는 소리, 움직임의 소리 등을 말합니다. 기차의 기적소리, 문이 열리는 소리, 발자국 소리, 옷깃이 스치는 소리 등등. 이런 소리들이 있어야 이미지 혼자로서는 할 수 없는 영화의 현실감이 완성됩니다. 무성영화 시대에는 음악으로 이런 소리들을 대체하기도 했습니다. 총소리 대신 강한 타악기 소리, 차의 경적소리 대신 관악기 소리를 냈었지요. (한국의 변사들은 음성으로 이런 소리를 다 냈답니다.) 유성영화에서는 소리로 영화의 현실감을 강화하는데 당연히 효과음이 결정적인 공헌을 합니다. 이 효과음은 촬영 현장에서 동시녹음된 소리를 활용하기도 하지만 많은 효과음들이 후반 작업에서 새로 만들어지거나 덧붙여진답니다.

촬영된 것을 가지고 이미지 편집을 마치면 다양한 움직임에 소리를 입히기 위해 필요한 소리를 새로 만들어야 합니다. 눈 위를 걷는 발걸음 소리가 동시녹음된 소스가 있어도 소금이나 밀가루 등을 이용해 다시 소리를 만듭니다. 옷깃이 스치는 소리를 만들기 위해 종이를 이용하기도 하고요. 중요한 것은 사용된 물체가 아니라 관객들이 그 소리를 자연스럽게 받아들이게 하는 것입니다. 이런 일을 하는 사람들을 폴리 아티스트라고 합니다. 그들은 이미지와 소리가 일체화되도록 화면을 보며 직접 동작을 해서 동기화(싱크로나이즈) 작업도 해야 합니다.

동시녹음된 소리든, 컴퓨터가 만들어낸 소리든, 폴리 아티스트가 만들어낸 소리든 음향은 후반 작업에서 적절하게 사용되는데 이때 음향을 조절하는 것이 또한 중요한 마무리 작업이 됩니다. 영화를 볼 때 음향은 과장되는 경우가 많습니다. 실제 사람끼리 부딪칠 때 영화에서처럼 강하게 소리가 날까요? 영화에서 들리는 것처럼 문밖의 구두 소리가 그렇게 크게 들릴까요? 대부분은 그렇지 않습니다. 그러나 관객이 영화를 생동감 있게 느끼도록 실제보다 소리를 크게 들리

☞ **싱크로나이즈(synchronize)**

싱크로나이즈라는 단어를 들으면 물속에서 춤을 추는 스포츠 종목을 떠올리는 사람도 있을 것입니다. 기계 부속이 동시에 작동하는 자동차나 사진기의 용어에도 이런 말이 있습니다. 이 단어가 '동시에 발생하다'라는 뜻을 가지기 때문에 이렇게 다양하게 쓰이는 것입니다. 그런데 영화에서 싱크로나이즈라는 말은 동기화(同期化)라는 한자어로 불리기도 하는데 바로 동작과 소리의 일치를 말합니다. 만일 사람의 발자국이 땅에 닿았는데 구두 소리가 그보다 1초라도 늦게 난다면 동기화가 안 된 것입니다. 후반 작업에서 이미지 화면을 보면서 정확히 그 소리를 맞춰야 하며 폴리 아티스트들도 소리를 정확히 맞추는 일을 합니다.

[그림9] 《일대종사》, 아트서비스, 2015, 88m 18s.
[그림10] 《킬빌》, 아인스엠앤엠, 2004, 99m 18s.

게 하는 경우가 많지요. 이런 조절은 '움직임 소리'의 경우가
제일 심할 것입니다. 움직임에 소리가 있을까요? 사실 움직
임이 빠를 때 공기와의 마찰이 있으니 소리는 납니다. 그러
나 우리가 들을 수 있는 경우는 극히 드물지요. 그런데 영화
에는 이 움직임 소리가 넘쳐납니다. 특히 액션영화에서 칼을
내리칠 때, 강한 발길질을 할 때 우리는 움직임의 소리를 듣
게 됩니다. 바람을 가르는 화살 소리가 없는 《최종병기 활》,
두 여배우의 마지막 싸움에서 유명한 "Don't let me be

misunderstood"라는 음악과 함께 칼을 움직일 때마다 나는 묘한 금속성 소리가 없는 《킬빌》은 상상할 수도 없지요.

［그림9]는 《일대종사》에서 엽문의 딸 역을 맡은 장쯔이가 무술을 하는 장면인데 팔과 다리를 움직일 때 소리가 납니다. 이 장면이 나오는 기차역 신은 음향의 향연이라 할 만큼 움직임과 관련된 소리가 많이 나옵니다. 왕가위 감독다운 연출이지요. 다음 ［그림10]은 《킬빌》에서 여성 무사가 양손의 칼을 살짝 꺾는 장면입니다. 이때 역시 칼이 살짝 돌아가는 움직임에도 강한 소리가 나옵니다. 왜 감독은 이런 소리들을 과장해서 넣을까요. 바로 '속도가 주는 쾌감'을 위해서지요. 음향은 이렇게 리듬감, 속도감을 위해서도 복무한답니다.

3) 음악

음악은 영화의 시작부터 함께했습니다. 무성영화 시대에 오케스트라가 없으면 피아노 한 대를 스크린 옆에 놓고 반주를 했으니까요. 전체를 다 필름에 소리를 입힌 것은 아니지만 최초로 유성영화로 기록될만 한 것도 노래를 소재로 했지요. 바로 《재즈 싱어》라는 영화입니다. 이 영화 앞부분은 무성영화였지만 엘 존슨의 노래가 나오는 부분에서 처음으로 영화 속 음악을 들려주었고 이것이 영화사상 첫 주제가가 되었습니다. 이후 영화음악은 클래식, 기존에 유행한 음악 등을 이용하기도 했지만 영화 자체를 위해 음악이 만들어지며 영화음악 작곡가라는 전문가를 탄생시켰습니다.

영화를 본 후 다른 것은 기억에 남지 않아도 유명한 영화 음악은 기억에 남고 그 음악이 나오는 장면과 느낌은 떠오른다는 사람이 많습니다. 영화음악의 매력은 오로지 그 음악에만, 혹은 이야기 자체에만 있는 것이 아닙니다. 바로 이야기와 음악이 결합해야 그 매력이 있습니다. 음악이 어떤 식으로 이야기 속에서 그 힘을 발하는지는 이후 별도의 장에서 자세히 다루도록 하겠습니다.

4) 앰비언스

영화 사운드는 위의 세 가지를 기본 요소로 하지만 앰비언스(ambience)도 중요한 요소라 할 수 있습니다. 앰비언스는 둘러싼 소리라는 뜻으로 환경음을 말합니다. 동일한 공간에서 나는 소리도 시간에 따라 변화합니다. 여러 종류의 많은 소리들이 한데 뒤섞여 들릴 때도 있고, 한두 가지 소리만 들릴 때도 있습니다. 영화에서 하나의 씬(scene)은 장소와 시간을 기준으로 설정됩니다. 특별한 시간대의 특별한 공간에는 특별한 소리가 있습니다. '#11: 재래시장, 낮'이라는 씬이 있다고 해보지요. 여러분이 이 공간의 소리 목록을 적어보라는 주문을 받았다면 무엇을 적을까요? 물건을 사라고 외치는 상인의 소리, 흥정하는 소리, 배달하는 오토바이가 지나가는 소리, 좀 떨어진 큰 도로에서 들리는 자동차 소리 등 수많은 소리들이 그 목록에 들어가겠지요. '#12: 재래시장, 밤'이라는 씬의 앰비언스는 많이 달라질 것입니다. 훨씬 줄어든 사람 소리에 멀리서 들리는 자동차 소리가 강조되겠지요. 앰비언스는 이렇게 음성언어와 음향과 현장에서 흘러나오는 음악 모든 것이 합쳐진 공간의 소리입니다.

그저 특정 씬의 배경 소리로서 앰비언스가 사용되기도 하지만 앰비언스 자체가 주인공이 될 수도 있습니다. 《토리노의 말》이라는 영화에서는 바람이 드센 지역에서 말을 키우는 가난한 인물이 등장합니다. 많은 씬에서 다른 소리는 들리지 않고 음악과 바람소리만 들립니다. 그에게 바람은 삶의 기본 조건이며 고난의 상징입니다. 바람소리는 이후 이야기 전개를 암시하며 상징 역할을 하지요. 앰비언스는 인물이 속한 계층을 강조해주는 역할을 하기도 합니다. 영화 《하녀》에서 전도연이 부잣집 하녀로 들어가기 전 유흥가 시장에서 일하는 모습이 보입니다. 이때 그 지역의 앰비언스가 그녀의 삶을 표현합니다. 환경음은 현장에서 동시녹음을 하는 것이 기본이지만 후반 작업에서 새로 소리를 만들어 덧붙이기도 하고 특정 소리만 강조하기도 합니다.

5) 미디어 소리

미디어 소리란 텔레비전에서 나는 소리, 라디오 소리 등을 말합니다. 이를 따로 분리하는 이유는 이 소리들이 음향으로 쓰일 수도, 앰비언스로 쓰일 수도 있으며, 디제시스 음악의 음원으로 쓰이는 등 다양한 용도로 사용되기 때문입니다. 미디어 소리는 주로 시공간의 배경을 알려주는 데 활용됩니다. 40년대 라디오, 70년대 텔레비전 등 각 시기와 각 매체는 독특한 소리를 가지고 있습니다. 사운드 작업을 하는 사람들은 이 소리의 원자료를 찾아서 사용할 수도 있고 같은 톤으로 만들어낼 수도 있습니다. 미디어에서 나오는 소리의 질감만으로도 시대에 대한 느낌을 가지는 것이 가능합니다.

그런데 정보 제공 역할을 넘어 미디어 소리는 캐릭터 행동의 동기가 되거나 감정에 큰 영향을 미치기도 합니다. 《백악관을 무너뜨린 사나이》라는 영화에서는 워터게이트를 다루었기 때문에 영화에 뉴스가 자주 나오기도 하고 연달아 겹쳐 나오기도 합니다. 주인공이 급박한 정치 상황을 곱씹으면서 신중하게 자신의 행동 방향을 결정하는 과정에서 이 뉴스 소리들이 역할을 합니다. 또 미디어 소리가 캐릭터의 감정에 영향을 줄 수 있는데 《셰이프 오브 워터》에서 나오는 미디어 속 음악들이 그런 역할을 합니다. 특히 'You will never know'라는 음악이 나올 때는 다른 대화를 하고 있는 중에도 여주인공의 눈과 귀를 이 노래가 이끄는 것을 볼 수 있습니다. 그리고 나중에 사랑이 무르익었을 때 그녀가 직접 이 노래를 부릅니다. 미디어 소리를 활용한 연출의 사례는 아주 많고 앞으로도 무한히 창의력을 발휘할 수 있는 영역입니다.

3. 이야기 안 소리와 이야기 밖 소리

◆ 소리는 이야기 안에서 날까요, 밖에서 날까요?

낯선 질문이겠지만 이야기의 안과 밖이라는 경계는 소리의 중요한 구별점이 됩니다. 지금 우리가 보는 남녀 주인공들이 서커스 공연장에 있다고 가정해봅시다. 그들이 있는 그곳에서 들을 수 있는 악기 소리, 관객의 함성, 박수 소리, 이 모든 것은 이야기가 진행되는 공간에서 나는 소리입니다. 음원이 이야기 속에 있는 것이죠. 그러나 우리가 영화관에서 듣는 영화 속 사운드들이 모두 이야기 안에만 있는 것은 아닙니다. 이렇게 음원이 이야기 내부에 있는 것을 내재음이라 하고 음원이 이야기 외부에 있는 것을 외재음이라고 합니다. BGM(back ground music)은 말 그대로 배경음악으로서 이야기 밖에서 작곡되거나 선택되어 덧붙여진 것입니다.

음악으로 구분해볼까요? 음악영화에는 가수나 연주자가 등장합니다. 《호로비츠를 위하여》에서도 엔딩 씬에 성인이 된 피아니스트가 '라흐마니노프 피아노 협주곡 2번'을 연주합니다. 어린 시절을 회상하며 격정적 연주를 하고는 자신의 오늘이 있게 해준 선생님(엄정화 분)에게 감사를 표하는 감동적 장면이지요([그림11]). 이때 그 연주 장면은 이야기를 마무리하는 중요한 씬으로 음악이 이야기 자체와 연관됩니다. 디제시스 음악의 대표적 경우입니다. 똑같은 음악이 다

[그림11] 《호로비츠를 위하여》, 싸이더스, 2007, 99m 23s.
[그림12] 《7년만의 외출》, 20세기폭스, 2006, 28m 52s.
[그림13] 《히어애프터》, 워너브라더스, 2012, 43m 18s.

르게 쓰인 두 경우와 비교해봅시다. 《7년만의 외출》에서 리
차드(톰 이웰)는 금발미녀(마릴린 먼로)를 집으로 초대하고
는 멋진 분위기를 만들려고 클래식 음악을 틀어놓는데, 그

곡이 바로 '라흐마니노프의 피아노 협주곡 2번'입니다. 이 음악을 들으며 마릴린 먼로는 "아! 클래식 음악이네요."라고 반응합니다. 이 음악은 직접 연주 장면이 보이지는 않지만 남자 주인공 리차드가 전축에 레코드를 거는 장면이 나옵니다([그림12]). 이 경우도 이야기 속의 음원을 확실히 보여주고 있지요. 이 또한 디제시스(내재음악) 음악입니다.

클린트 이스트우드가 감독한 《히어 애프터》라는 영화에서는 이 음악이 다르게 쓰입니다. 영국 지하철 폭탄테러 사건에서 쌍둥이 형을 잃은 소년이 형의 죽음을 인정할 수밖에 없는 상황을 거치면서([그림13]에 이어) 이 피아노 협주곡 2악장이 흘러나옵니다. 그런데 이 음악은 소년이 있던 현장에서 연주되거나 흘러나온 것이 아닙니다. 음악은 소년의 형의 죽음에 대한 슬픔, 형을 보고 싶어 하는 마음의 간절함을 관

☞ **디에게시스의 세계**
스토리텔링 영역은 말할 것도 없고 영화 사운드의 용어에서도 많은 부분 아리스토텔레스의 「시학」에 빚지고 있습니다. 「시학」에서는 이야기의 세계를 디에게시스(diegesis)라고 칭합니다. 디에게시스란 단어를 활용해서, 이야기 속에 소리의 원천이 있는 내재음은 디제틱 사운드(digetic sound), 후반 작업에서 덧붙여진 소리는 외재음, 즉 비디제틱 사운드(non digetic sound)라고 합니다. 특별히 음악의 경우는 디제시스 음악(디제틱 음악)과 비디제시스 음악(비디제틱 음악)이라는 용어를 많이 사용합니다.

객이 공유하도록 도와주기 위해 나중에 따로 녹음된 배경음악(BGM)으로 쓰입니다. 이런 것이 바로 외재음악, 즉 비디제시스 음악입니다. 이 영화에서는 슬픔과 비통함의 정서가 깊이 담긴 기존의 음악을 사용했지만 많은 비디제시스 음악들이 특정 영화의 특정 장면을 위해 별도로 작곡됩니다.

음향에도 똑같이 내재음향과 외재음향이 있습니다. 등장인물이 걸을 때 들리는 발자국 소리나 등장인물이 떨어트린 컵이 깨지는 소리 등의 음원은 이야기 속에 있으니 내재음향입니다. 그러나 코믹한 장면에서 등장인물들이 웃는 것이 아닌데 웃음소리가 덧붙여진 경우, 이 웃음소리는 외재음향으

☞ **잠깐 뒷이야기**

《호로비츠를 위하여》의 라스트씬에 나오는 피아노 연주자는 누구일까요? 음악영화에서 연주자가 직접 노래를 부르거나 연주하려면 연기와 음악 실력이 모두 갖춰야 하지만 그게 쉽지 않습니다. 《비긴 어게인》에서는 키이라 나이틀리가 직접 노래를 불렀고 인기 그룹 마룬5가 출연했습니다. 그러나 《파파로티》에서는 이제훈이 성악곡을 부를 때 성악가 강요셉이 대신 녹음을 했습니다. 강요셉은 얼굴 없이 녹음만 한 것입니다. 반면 《호로비츠를 위하여》에서는 음악가가 직접 출연을 했습니다. 우리나라의 최고 피아니스트 중 한 명인 김정원이 연주 부분을 맡아 직접 영화에 나왔지요. 대사는 엄정화에게 독일어로 감사하다고 인사하는 것이 전부였습니다. 하지만 멋진 연주를 담아주어 영화의 마지막 감동에 크게 기여했습니다.

로 기능합니다. 영화는 아니지만 같은 음향이론이 적용되는 드라마 중 《응답하라 1997》에서 엉뚱한 상황이 연출될 때 염소 울음소리가 자주 등장했습니다. 이때 극 중에는 당연히 염소가 등장하지 않습니다. 다만 황당하다는 느낌을 전달하고 관객들의 헛웃음을 유발하려는 의도로 염소 울음소리가 삽입된 것이지요. 이 또한 외재음향입니다.

4. 화면 안 소리와 화면 밖 소리

◆ 지금 보는 화면에 소리를 내는 존재가 보입니까?

이야기 속에 음원이 있는 내재음은 다시 인사운드와 오프사운드로 나뉩니다. 인사운드는 음원이 이야기 속에 있으면서 화면에도 보이는 것, 오프사운드는 음원이 이야기 속에 있지만 화면에는 보이지 않는 것입니다. (외재음은 당연히 음원이 안 보이니 오프사운드 영역에 속합니다. 그러나 밑에서 말할 오프사운드 역할을 이야기할 경우는 내재음 중 오프사운드인 경우입니다.) 특별히 인사운드라는 용어가 구별을 위해 있긴 하지만 실제 연출에서 혹은 평론에서 많이 언급되는 것은 오프사운드입니다. 오프사운드에는 특별한 연출 의도가 있기 때문입니다. 예를 들어볼까요. 도시에 괴물이 나타나서 시민들이 모두 공포에 떨고 있습니다. 한 가족이 집

안의 문을 걸어 잠그고 괴물이 자기 집 주변에 혹시 나타날까봐 공포에 떨고 있는 모습이 화면에 보일 때, 크고 둔탁한 발자국 소리가 점점 크게 들려오는 상황을 상상해보세요. 관객은 화면에서는 집 안의 가족들만 볼 수 있고 괴물은 볼 수 없습니다. 그렇지만 귀에 들리는 발자국 소리가 괴물의 발자국 소리임을 직감할 수 있지요. 괴물은 화면에 없으니 오프사운드로 들릴 뿐입니다. 이때 관객은 이야기의 진행 방향을 상상합니다. 그리고 자신이 생각한 진행 방향대로 괴물이 곧 이 집으로 들어올까 하는 호기심이 생깁니다. 이것이 바로 오프사운드를 사용하는 연출 의도입니다. 이미지와 관련시켜 말하면 오프사운드의 사용 목적은 프레임의 확장이기도 합니다. 제한된 프레임 공간에서는 집 안의 가족 모습만 보이지만 관객은 이미 상상 속에서 앞에 등장했던(혹은 등장하지는 않았더라도 그려볼 수 있는) 괴물이 집 근처로 다가오는 모습까지로 프레임을 확장하고 있는 것입니다.

영화 역사에서 오프사운드 연출이 가장 탁월했던 사례 중 하나로 꼽히는 것은 히치콕의 《새》의 한 장면입니다. 이미 새의 공격을 여러 차례 받던 주인공 가족들이 새가 집 안으로 들어와 공격할 것을 두려워하며 모든 창문을 걸어 잠그고 있습니다. 집 주변의 새들은 강력한 울음소리로 집을 에워싸고 있습니다. 새 울음소리는 점점 커지고 다양해집니다. 이 소리로 관객들은 바깥의 새들을 모습을 상상하게 됩니다. 영

〔그림14〕《새》, 유니버셜픽쳐스, 2011, 100m 43s.
〔그림15〕《새》, 유니버셜픽쳐스, 2011, 100m 43s.

화에서는 이미 〔그림14〕 같은 위협적 새의 이미지를 여러
차례 보여주었습니다. 〔그림15〕에서는 모습은 보이지 않지
만 위협적이고 공포스러운 울음소리로 우리는 얼마나 많은
새가 저 가족에게 위협이 되고 있는지를 충분히 느끼게 됩니
다. 이 외화면 소리는 관객에게 보이는 프레임 내의 이미지
에 한정되지 않고 공간을 확장시켜 상상하게 하고 등장인물

의 두려움을 공유하게 하는 연출 효과를 발휘합니다.

　외화면 소리는 스릴러물, 공포물에서 이처럼 가장 효율적으로 사용되지만 이 장르에만 한정되는 것은 아닙니다. 화면에는 어떤 사정으로 차마 문 안으로 들어가지 못하고 밖에서 있는 사람이 보이지만 사운드는 그가 엿듣는 문 안의 대화가 들리기도 합니다. 이 경우 관객의 마음 속 프레임은 문 안까지 확장되는 것이지요. 화면에는 휘파람을 잘 부는 애인을 기다리는 여인의 얼굴만 보이지만 관객은 휘파람 소리를 듣습니다. 관객은 애인이 이 여인을 만나러 오고 있는 바깥으로 프레임을 확장합니다. 멜로드라마, 로맨틱 코미디 등 어떤 장르에서도 이렇게 외화면 소리, 즉 오프사운드는 잘 활용될 수 있습니다.

5. 아쿠스마티끄

◆　이 목소리의 주인공은 누구길래 얼굴을 안 보여줄까요?

　아쿠스마티끄(acousmatique)라는 프랑스어는 '이미지가 없이 소리만 있는 존재'라는 뜻입니다. 우리는 이미 외화면 사운드에서 화면과 소리의 분리 사례를 봤습니다. 외화면 사운드 음원이 다음 씬에서 등장하거나 잠시 동안의 모티브로 나오는 정도가 아니라 플롯 전체에서 중요한 기능을 할 때

이를 아쿠스마티끄 사운드라는 별도의 용어로 지칭합니다. 이 목소리의 주인공은 끝까지 이미지로 자신을 드러내지 않을 수도 있고 아쿠스마티끄로서의 기능을 마감하고 마지막에 이미지를 보이는 경우도 있습니다.

《더 테러 라이브》에서 영화 내내 하정우가 받는 전화기를 통해 들려오던 목소리를 기억하시나요? 그 목소리는 영화 속 다른 인물들에게 어떤 움직임을 하도록 유도합니다(〔그림16〕). 목소리는 동기 유발자이며 궁금증을 일으키는 존재로서 마지막에야 얼굴을 드러냅니다. 1시간 26분의 러닝타임에서 영화의 시작부터 나오는 목소리로 자신을 표현하던 아쿠스마티끄는 1시간 17분이 되어서야 희미한 실루엣으로 보이다가 1시간 20분이 지나서 얼굴이 나오고 3분 남짓 더 지나 화면에서 다시 사라집니다. 《폰 부스》라는 영화에서도 플롯의 중심에는 이미지 없는 목소리가 있습니다. 영화 내내 폰 부스에서 꼼짝 못하고 전화기를 들고 있어야 하는 주인공(콜린 파렐)은 전화 속 목소리로부터 계속 위협을 받습니다 (〔그림17〕). 1시간 17분의 러닝타임에서 1시간 13분 정도에 목소리의 주인공이 살짝 모습을 드러내지만 영화 내내 그는 목소리만 나오는 아쿠스마티끄입니다.

《폰 부스》 같은 서스펜스에서 서사의 기본 모티브로 기능한 것처럼 장르 차원에서 아쿠스마티끄가 쓰인 유명한 사례는 히치콕의 《사이코》에서 어머니 목소리입니다. 영화에서 어머니

[그림16] 《더 테러 라이브》, 비디오여행, 2014, 26m 30s.
[그림17] 《폰 부스》, 20세기폭스, 2007, 15m 32s.

는 멀리서 실루엣으로 보인 적은 있지만 직접 목소리를 내는 모습을 보이지 않은 채 위압적인 목소리만 관객에게 들립니다. 목소리의 정체는 영화 말미에 밝혀지는데요. 관객을 혼란스럽게 만드는 연출에 사운드가 잘 활용된 사례입니다.

위의 사례들과 달리 영화의 마지막까지 아쿠스마티끄로 남는 존재도 있습니다. 영화 《그녀》의 목소리입니다. 이 영화에서 목소리는 인간의 몸이 아닌 기계에서 나오지만 주인공 남자는 그녀와 사랑에 빠집니다. 그런 사랑마저 필요했던 현대인의 고독이란 문제를 다루면서 이 영화는 많은 사람들에게 목소리만 가진 존재와의 사랑이 가능한지 질문을 던졌습니다. 이 목소리는 스칼렛 요한슨이 연기했는데 그녀가 영화 속에 단 한 번도 얼굴을 보이지 않았지만 이미 관객들은 그녀가 목소리의 주인공이라는 것을 알고 본 경우가 많았을 것입니다. 그래서 관객들은 목소리에 그녀의 이미지를 중첩시켜서 들었을 가능성이 높습니다. 한편으로는 아쿠스마티끄가 만들어내는 상상력에 제동이 걸린 면도 있지만, 한편으로는 스칼렛 요한슨이라는 배우의 이미지가 활용된 측면도 있습니다.

☞ **잠깐 뒷이야기**

《더 테러 라이브》의 전화 속 목소리 연기자는 누구일까요?

영화에서 전화로만 들리던 목소리의 주인공이 얼굴을 드러냈습니다. 배우 이다윗이었지요. 그런데 목소리 연기는 다른 배우가 했는데요, 아버지의 한을 품고 있는 냉정하고 찰진 목소리를 잘 만들어냈습니다. 바로 김대명이라는 배우의 목소리였습니다. 《미생》의 착하고 의리 있는 김대리 역, 《슬기로운 의사생활》의 자발적 아웃사이더 양석형 역을 감칠맛 나게 연기했던 배우입니다. 이 드라마들 속 캐릭터의 목소리와 《더 테러 라이브》의 전화 속 목소리 연결이 쉽지는 않은 것 같은데요. 각각의 작품에서 캐릭터에 맞게 목소리를 낸 이 배우는 상당히 발성훈련이 된 것처럼 느껴지고 그래서 목소리의 반전도 가능했을 것입니다.

III. 영화 사운드 작업의 과정과 직업

◆ 사운드 관련 직업을 꿈꿔보신 적이 있으신가요?

영화가 만들어지는 과정은 영화를 기획하는 것부터 촬영 준비를 하는 단계(프리 프로덕션 pre-production), 촬영단계(프로덕션 production), 이미지와 사운드를 최종 결합하는 후반 작업(포스트 프로덕션 post-production)으로 나뉩니다. 과거에는 주로 후반 작업의 일이었던 사운드 작업이 요즘은 영화의 프리 프로덕션 단계부터 시작됩니다. 사운드 디자이너가 영화의 전체 사운드에 대해 계획을 하는 것이지요. 음악감독도 프리 단계에서 음악을 구상하기 시작합니다. 요즘은 녹음 조건을 미리 충족시키기 위해 의상팀, 프로덕션 디자이너까지 동원되기도 합니다. 촬영으로 들어가면 동시녹음사는 말 그대로 촬영과 동시에 녹음을 해야 합니다. 포스트 프로덕션 과정은 사운드가 영화를 살리는 시간입니다. 후시녹음 책임자, 음악감독, 폴리 아티스트, 사운드 믹싱 책임자 들이 모두 동원됩니다.

이렇게 각 단계에서 투입되는 사운드 전문가들은 영화과, 실용음악과, 사운드 전문가 양성 학원 등을 통해 배출되지만 여전히 독학이나 도제 방식을 통해 성장하기도 합니다. 요즘은 영화뿐 아니라 텔레비전과 웹 드라마, 광고, 특히 게임산업에서 일하며 서로 이동도 합니다. 이 직업군에 관심이 있으시다면 각 단계의 일들에 대해 더 세밀한 조사를 하며 접근해보시면 좋을 것입니다. 이제 이들이 단계별로 하는 일을 알아보겠습니다.

1. 사운드 디자인

◆ 영화 속 소리를 계획하는 사람이 따로 있을까요?

원래 사운드 디자이너는 소리를 만드는 사람을 지칭하는 용어였습니다. 현실에 존재하지 않는 상상의 생명체나 외계인의 목소리를 만드는 등 소리 만들기의 역할을 했던 것이지요. 그런데 영화의 규모가 커지고 사운드의 비중이 커지면서 프리 프로덕션 단계부터 사운드 총기획자로서의 디자이너가 필요해졌습니다. 이들은 소리에 대한 음향지도를 가지고 출발합니다. 예를 들어 군중들이 거리에서 시위를 하는 장면이 있을 때 이 씬에 필요한 앰비언스, 폴리 사용 지점, 음악 여부 등에 대한 기획안을 만듭니다. 그러나 이것은 영화의 어떤 파트보다 바뀌기가 쉽습니다. 동시녹음한 것 중 사용하기 힘든 것이 있을 수도 있고, 화면을 보고 나면 음악 사용에 대한 생각이 바뀔 수도 있습니다. 그렇지만 기본 컨셉을 촬영 전에 잡고 출발한다는 점에서 사운드 디자인은 프리 프로덕션의 일입니다. 물론 이후에도 작업은 계속됩니다. 촬영 중에는 동시녹음 과정을 총괄하고 배우들의 발성까지 봐주기도 합니다. 사운드 디자이너는 폴리 아티스트의 소리 만드는

☞ **사운드 디자이너의 세계**

영화에만 사운드 디자인이 있는 것은 아닙니다. 소리를 기획하는 모든 사람을 사운드 디자이너라 부를 수 있습니다. 각 분야에서 기술의 진전이 이루어진 지금은 자동차도 전자제품도 디자인 싸움이란 이야기를 많이 합니다. 이미 이 산업 분야에서 미술 디자이너들이 큰 역할을 해왔고 이제는 사운드 디자이너들도 활동을 합니다. 본인이 엔지니어일 수도 있고 다른 엔지니어와 함께 작업하기도 합니다. 자동차 엔진 소리, 전기밥솥의 음성 알림 소리, 메신저가 왔다는 신호음 등 사운드의 활용 영역은 너무나 많습니다. 영화에서 사운드 디자이너의 활동은 1990년대에 시작되었다고 합니다. 우리나라는 2000년이 한참 지나서였고 최근에서야 사운드 디자이너라는 이름으로 활동하는 전문가들이 늘고 있습니다.

과정도 관장하고 음악감독과도 협의합니다. 그리고 믹싱이 끝날 때까지 사운드 수퍼바이저, 즉 총 음향감독 역할을 해야겠지요. 이렇게 사운드 디자이너는 창의적 기획자이자 소리를 민감하게 들을 수 있어야 하며, 기계를 다루는 등 다양한 능력을 갖추어야 합니다.

2. 동시녹음

동시녹음 전문가들은 촬영 단계에 투입되지만 사실 장소 헌팅이 끝나면 촬영이 들어가기 전에 미리 현장에 대한 조사를 하며 시간대별 방해하는 소리는 없는지, 또 현장에서 따기 힘든 소리를 위해 무엇을 미리 준비할지 고민을 시작합니다. 마이크를 조절하는 붐 오퍼레이터와 라인을 정리하는 라인맨 등과 함께 마이크 종류와 위치를 선택하고 녹음합니다. 이들은 이렇게 환경음에도 신경 쓰지만 중요한 것은 역시 현장에서 어떻게 대사를 잘 녹음하는가의 문제입니다.

영화에서 동시녹음을 많이 사용하고 싶어도 녹음기술이 받쳐주지 않으면 쉽지 않을 겁니다. 한국의 60년대 영화에는 동시녹음을 따와도 그 기술 수준이 낮아 최종적으로 사용할 수 없다 보니 후시녹음을 할 수밖에 없었습니다. 마치 애니메이션 목소리 연기처럼 배우들의 목소리를 전문적으로 연기해주는 성우들이 있었을 정도였으니까요. 그런데 동시녹음 장비가 개선되면서 실내 씬은 동시녹음으로, 실외 씬은 후시녹음으로 하는 과도기를 거치다가 전체적으로 동시녹음의 비중이 높아지게 됩니다. 과거에는 배우와 성우의 목소리가 매치가 안 되는 문제가 있었다면 이제는 대사에서 동시녹음 소스만 많이 써서 잘 안 들린다고 불평들을 많이 하지요.

할리우드 영화들이 대사가 잘 들리는 것은 후시녹음 비중이 높다는 것 자체에 있기보다는 여러 역사적, 작업환경적 요소들이 작용해서입니다. 일단 배우의 능력에서 발성이 중요한 요소이고 그들의 개런티에는 후시녹음에 참여하는 시

☞ **사운드 디자이너로서의 감독**

감독들 중에는 영화 기획 단계부터 사운드 팀과 많은 시간을 보내며 의논하고 사운드 디자이너 역할을 같이하는 것으로 유명한 감독들이 있습니다. 조지 루카스는 《THX1138》부터 《스타워즈》까지 벤 버트라는 세기의 사운드 디자이너와 함께 일하면서 새로운 소리를 찾는 작업을 했고요. 《아바타》와 《터미네이터》에서 제임스 카메론은 시각적 분야뿐 아니라 사운드에서도 실험을 계속했습니다. 《아르고》의 벤 에플릭은 장소별 사운드 컨셉을 프리 단계에서 미리 주문하고 의논했습니다. 히치콕, 크리스토퍼 놀란, 알폰소 쿠아론 등도 사운드 디자이너 수준의 감독들이라고 할 수 있지요. 그리고 감독의 사운드에 관한 관심과 고집이 있을 때만 제작사도 사운드에 관한 투자를 많이 할 수 있답니다.

간까지 다 계산이 되어 있습니다. 또 대사 후시녹음을 관장하는 ADR(Automatic Dialogue Replacement) 수퍼바이저가 따로 있을 정도로 이 부분을 비중 있게 다뤄왔습니다. 배우가 후시녹음을 할 때 촬영장에서만큼이나 OK 사인을 받기가 힘들다고 합니다. 또 한 배우의 후시녹음 부분에 목소리가 섞인 다른 배우들이 동원되기도 하지요. 특히 《로마》, 《아르고》 등 그룹으로 후시녹음에 참여해야 할 때 인원수가 수십 명 단위까지 같이 한 사례도 있답니다. 이 모든 것이 제작비와 직결되는 문제이고 100여 년에 걸친 영화 역사에서 형성된 문화이기도 하지만 우리도 많은 것을 참고해야 할 것 같습니다.

기술적인 문제보다는 영화에 대한 철학이 동시녹음을 중시하는 결과를 만들기도 합니다. 《게임의 규칙》의 장 르누아르 감독은 배우들의 목소리를 다른 목소리로 더빙하는 것은 영혼의 분리라고 말한 적도 있습니다.* 영화의 현실기록 가치를 중시한 앙드레 바쟁과 초기 프랑스 영화감독들의 생각부터 이어지는 전통 속에서 동시녹음의 비중을 높게 가져가는 입장도 존중해야겠지요.**

---

* Elisabeth Weis and John Belton ed., 「Film Sound」, columbia university press, 2003, p.313.
** Charles O'brien, 「cinema's conversation to sound」, indiana university press, 2004, pp.154-164.

최근 두 편의 영화는 동시녹음의 가치를 구현하려 여러 방법을 동원한 것 때문에 화제가 되었습니다. 오페라를 영화화할 때 이전 영화들은 노래를 후시녹음으로 할 수밖에 없었습니다. 《팬텀 오브 오페라》 등이 그랬지요. 그런데 《레미제라블》의 톰 후퍼 감독은 배우들이 감정선을 살리면서 현장에서 직접 노래하는 것을 고집했습니다. 마치 오페라 무대에서 노래하듯 말입니다. 배우들은 수십 개의 마이크를 옷에 장착해야 했습니다. 그래도 마이크가 주변에 또 설치되어서 할 수 없이 노래하는 장면을 가까이서 찍을 수밖에 없는 경우도 많았습니다. 이런 방식에 대해 어떤 배우들은 굉장히 만족했고 어떤 배우들은 기량을 다 발휘하지 못한 것을 안타

☞ **사운드 때문에 의상팀의 일이 많아졌다고요?**

의상과 사운드의 관계에 대해 가장 많이 알려진 영화는 《레미제라블》입니다. 이 영화에서 배우들이 동시녹음으로 노래를 부르기 위해 직접 마이크를 달았는데요. 옷에 스쳐서 소음이 같이 녹음되는 것을 피하기 위해, 그리고 겉옷에 마이크가 부착된 모습이 노출되지 않게 하려고 제작팀은 의상과 동일한 감으로 패치를 만들어 그 안에 무선 마이크를 넣었다고 합니다. 《1917》의 경우도 촬영 전 군복을 만들 때 마이크를 감싸는 패치를 넣고 봉제를 했다고 합니다. 이렇게 의상팀까지 미리 작업을 해야 하니 사운드의 프리 프로덕션 영역이 하나 더 늘어난 셈입니다.

까워했다고 합니다.*

2020년 아카데미 음향효과상을 받은 영화《1917》의 경우도 롱테이크 촬영 과정에서 달려갈 때의 헐떡거리는 숨소리, 닥친 두려움 앞에 내는 소리 등을 담기 위해 역시 수십 개의 마이크를 배우들이 장착한 채 촬영했습니다. 이렇게 현장의 생생한 감정을 담아내려는 노력은 계속될 것 같습니다.

3. 소리의 창조

◈ 전쟁영화에서 들리는 총소리는 그 시대의 총소리일까요?

영화 전체에서 소리가 결정적인 요소인 경우가 있습니다. 주인공급인 동물의 소리, 현실에 없는 외계생명체의 소리, 전쟁영화나 액션영화라면 무기의 소리 등이지요. 이럴 때는 프리 프로덕션 때 미리 소리를 만들어 가야 하는데 사운드 메이커로서의 사운드 디자이너들이 이 작업을 합니다. 여기에는 악기, 컴퓨터가 모두 동원되고 현실에 있는 소리를 합성하기도 합니다.

영화《에일리언》의 타이틀 롤을 맡은 에일리언은 가상의

---

* https://www.soundonsound.com/people/les-miserables-sound-team-part-1

존재입니다. 마치 애니메이션에서 이미지를 창조하듯이 영화에서 에일리언 이미지를 창조해야 했지요. 그런데 에일리언이 제대로 생명체로 완성되기 위해서는 소리가 필요했습니다. 지구에 존재하는 어떤 동물의 소리도 이 외계생명체와는 어울리지 않았습니다. 그래서 소리 역시 탄생되어야 했고 컴퓨터 작업을 통해서 만들어졌지요. 사운드 디자이너 기거(H. R. Gigger)는 생물의 소리와 기계의 소리를 합성해서 소리를 만들었습니다. 그는 공포감을 주면서도 살아있다는 느낌을 줄 소리를 오랜 실험을 통해서 만들어냈다고 합니다.[*]

이보다 앞서 히치콕은 직접 엔지니어로 일한 것은 아니었지만 실제 새 소리와 컴퓨터 소리를 합성해서 영화 《새》의 소리를 만들었습니다. 그는 이 아이디어를 실현하려고 직접 소리를 점검하며 사운드 메이킹에 참여했습니다. 앞에서 외화면 소리로 새의 울음소리가 공포 효과를 만들어냈다는 이야기를 읽으셨지요. 형체는 안 보이면서도 소리 자체가 공포를 느끼게 하기 위해서는 녹음기로 새의 울음소리로 녹음한 것만으로는 만족스럽지 않았습니다. 그래서 기계음을 합성한 것이고 이는 기계를 이용해 캐릭터의 소리를 만들어낸 최초의 사례로 기록되었습니다.[**]

---

[*] Willian Whittington ed., 「sound design & sience fiction」, university of texas press, 2007, pp.150-152.
[**] Elisabeth Weis and John Belton Ed., 「Film Sound: theory and

더 거슬러 올라가 볼까요. 사운드 디자인의 개척자 머리 스피박(Murray Spivack)은 킹콩의 소리를 만들어내기 위해 동물의 소리를 녹음한 테이프를 거꾸로 돌려보고, 속도를 늦춰 재생해보며 소리를 만들었다고 합니다. 컴퓨터가 없던 시절에 이런저런 시도를 통해 사운드를 만들어냈던 실험정신은 오늘날의 사운드 디자이너들에게도 이어지고 있습니다.

그런데 만들어야 할 소리가 이렇게 상상의 소리만 있는 건 아닙니다. 역사물일 경우 고증을 거쳐 실제에 가까운 소리를 만들어내려 노력합니다. 갱스터들이 총싸움을 할 때 시대적 배경에 걸맞은 총소리가 어땠는지 조사하여 유사한 소리를 만들어내는 것이지요. 특히 역사상 벌어졌던 전쟁을 다룬 영화에서는 박물관과 도서관까지 뒤져가며 남아 있는 소리 자료와 증언을 찾아내고 미디어 소리를 찾는 데 노력을 기울입니다. 《라이언 일병 구하기》, 《덩케르크》, 《1917》 등에 나오는 총소리는 사운드 전문가들의 노고의 산물입니다.

---

practice」, columbia university press, 1985, pp.298-311.

4. 영화음악 준비

일부 감독들은 음악을 모티브로 영화를 만듭니다. 재즈 매니아였던 클린트 이스트우드가 《버드》를 만든 것은 찰리 파커의 재즈곡들을 너무 좋아해서였고요. 숀 팬은 《인디언 러너》를 감독할 때 'highway patrolman'이라는 포크송에서 영감을 얻었다고 합니다. 모티브까지는 아니어도 감독이 이 장면에서 이 음악을 써야겠다고 시나리오 단계에서 음악을 생각해놓은 경우들도 있지요. 마틴 스콜세지 감독은 《셔

☞ **멜로마네스**mélomanes **감독들**

영화음악에 관한 많은 글을 남긴 클라우디아 고브만은 영화감독이지만 특히 음악을 좋아하고 많이 알고 있으며 자신의 영화에 스스로 선곡까지 하는 감독들을 멜로마네스 감독들로 분류했습니다.* '멜로마네스'란 프랑스어로 음악광이란 뜻입니다. 이 명칭에 어울리는 감독들로 그는 스탠리 큐브릭, 빔 벤더스, 짐 자무쉬, 마틴 스콜세지, 장 뤽 고다르, 쿠엔틴 타란티노 등을 꼽았습니다. 이들은 음악이 영화에 통합적 요소로 작용한다고 보고 영화 구상 단계부터 음악을 고려합니다. 음악에 대한 애정과 지식을 많이 가지고 있으면서 시나리오 작가나 감독을 꿈꾸는 분들은 위에서 언급한 감독들의 작품을 많이 감상하면 도움이 될 것입니다.

* Daniel Goldmark Ed., 「beyond the soundtrack」 University of California Press, 2005, pp.149-161

터 아일랜드》에 펜테레츠키, 존 케이지 등의 현대음악을 써야겠다고 생각했습니다. 우디 앨런도 뉴욕을 배경으로 한 영화들에서 쓸 재즈곡들을 늘 염두에 두었다고 합니다.

예전에는 음악감독이 촬영이 끝나가는 단계에서 합류하는 일도 허다했지만 요즘은 단편영화도 미리 컨셉을 가지고 작곡할 수 있게 프리 프로덕션 단계에서 의뢰하는 경우가 많아지고 있습니다. 시나리오만 받아들고 작곡을 하는 사례도 많은데요. 한스 짐머는 《인셉션》에서 촬영 전에 이미 많은 곡을 만들었다고 합니다. 이렇게 각 단계에서 만들어진 영화음악들은 다양한 방식으로 영화에 실립니다.(Ⅳ장 참조)

5. 폴리 아티스트

폴리 아티스트라는 말은 1930년대부터 할리우드 영화에서 효과음을 만드는 천재라 불렸던 잭 폴리의 이름에서 생겨났습니다. 요즘은 많은 소리들이 컴퓨터로 만들어지기도 하고 사운드 라이브러리들이 많이 있어서 활용할 수도 있지만 동작에서 나오는 소리 등 효과음을 직접 만드는 것은 폴리 아티스트 고유의 일입니다. 위에서 말한 사운드 디자이너라는 포괄적 개념에 이 일을 하는 분들이 포함됩니다. 그들은 폴리 부스에서 온갖 물건을 활용해서 소리를 만드는 작업을 합니다. 폴리 부스는 본인들이 쓰레기장, 골동품 가게 같다고 표현할 정도로 소리를 만들 때 사용할 재료들로 가득 차 있습니다. 이때 만들어진 소리를 녹음해야 하기 때문에 보통 녹음 담당자와 짝을 이뤄 일을 하지만 팀의 규모는 다양합니다. 그들의 또 다른 중요한 임무는 후반 작업에서 동작과 소리의 싱크를 맞추는 일입니다. 그들은 글러브를 휘두르거나 하이힐을 신고 걷는 등 화면을 보며 다양한 동작을 하지요. 어떤 폴리 아티스트는 구두 발자국 소리를 낼 때 실제로 배우가 신었던 신발을 가져오라고 할 정도로 철저한 직업의식

☞ **사운드 전문가들이 등장하는 영화를 보신 적이 있나요?**

감독이나 배우를 주인공으로 한 영화는 많이 있어도 사운드 전문가가 영화에 등장하는 경우는 많지 않습니다. 한국영화 《어린 왕자》에는 폴리 아티스트가 주인공(탁재훈 역)으로 등장하는데 영화일로 바쁜 아빠와 그 가족 이야기입니다. 드라마 《또 오해영》에서는 주인공(에릭 역)이 음향감독이었고 이 직업이 대중적으로 알려지는 데 일조했습니다. 이 두 작품에서는 일하는 모습이 조금 나온 정도고요. 감동적인 실화는 2016년 타이완의 다큐멘터리 《A Foley Artist》입니다 40년간 이 일을 해오던 주인공은 컴퓨터로 많은 사운드를 만드는 시대이지만 자신의 일에 애정을 가지고 일하는 모습을 보여줍니다. 역시 다큐멘터리 《스코어》와 《메이킹 웨이브》에서도 그들이 어떤 일을 하는지, 또 얼마나 애정을 가지고 일을 하는지 보여줍니다.

을 가지고 일에 임합니다. 여러 소리를 실험하고 창조하는 그들에게는 아티스트라는 이름이 아깝지 않지요. 이 분야는 특히 대학의 전공과정보다는 현장에서 습득되는 것이 많으니 현장 일에 참여하는 훈련의 과정이 중요합니다.

6. 사운드 에디터

영화에 필요한 소리들이 모두 모이면 대사 편집(dialogue editing)을 합니다. 대사는 사실 하나의 소스만 있는 것은 아니고 붐 마이크로 녹음된 것도 있고 무선 마이크로 녹음된 것도 있는데 그중에 쓸 것이 없으면 또 ADR로 녹음해야 합니다. 그리고 엠비언스도 에디팅을 통해 필요한 환경음으로 입혀집니다. 이제 폴리 아티스트도 효과음을 이미지에 덧붙이는 일을 합니다. 음악들을 매치도 시켜보고 빼보기도 하고 볼륨을 조정하겠지요. 이런 편집, 믹싱의 일은 지금 말한 순서대로 되는 것도 아니고 한 번에 완성되는 것도 아닙니다. 어떤 영화는 후반 작업에만 1년 가까이 걸리는 것도 있을 정도랍니다. 위에서 언급한 전문가들이 모두 후반 작업에 참여하는데 영화 규모에 따라 한 명이 여러 일을 하기도 하고 한 팀에 여러 사람이 있을 수도 있습니다. 그렇지만 사운드 분야에선 대부분이 사운드 기획부터 사운드 편집까지 할 줄 아는 상태에서 자신의 일을 특화시키는 편입니다. 어쨌든 포스트 프로덕션이라는 이 마지막 단계에서 사운드 에디터의 손은 바쁘게 움직입니다. 그러고는 마법처럼 다음 장에서 말할 다양한 연출효과들을 만들어냅니다.

☞ **사운드로 놀아보기**

사운드를 만드는 사람에게는 여러 소양이 필요하지만 우선은 재미를 느껴야 합니다. 유명한 사운드 디자이너들은 어릴 때부터 사운드를 가지고 노는 것을 즐겼다고 합니다. 편집자이자 사운드 디자이너인 월터 머치(Walter Murch)는 어릴 때 테이프를 끊었다가 이어붙이고 거꾸로 돌리며 놀았다고 합니다. 또 스타워즈의 사운드 디자이너 벤 버트(Ben Burtt) 역시 어릴 적부터 텔레비전에서 방영하는 전쟁영화의 소리를 녹음하고 비교하는 놀이를 했다니 이들의 소양과 취미가 남달랐구나 하는 생각을 하게 되지요.* 놀이할 때 입으로 내는 다양한 소리, 컴퓨터를 하다가 우연히 채집되는 소리 등 이 모든 것들에 호기심을 가지고 놀아보는 것은 사운드 디자이너가 될 소양을 키우는 과정이랍니다.

* 다큐멘터리 《메이킹 웨이브》에 실린 인터뷰 참고.

IV. 사운드 연출

1. 영화음악 연출

◆ 영화를 보고 기억에 남는 음악이 얼마나 되나요?

흔히 영화의 개봉과 함께 영화음악의 음원이 같이 발매되기도 합니다. 영화보다 음악이 더 유명해지는 경우도 있지요. 영화 사운드라고 했을 때 영화음악과 등치시키는 경우도 많습니다. 오랜 세월이 지나 영화음악을 들었을 때 우리는 그 영화의 스토리 속에 빠졌던 순간을 기억하기도 하고 그때 그 영화를 같이 보았던 사람을 기억하기도 하고 특별한 장소를 떠올리기도 합니다. 특별한 음악은 특별한 시공간으로 우리를 안내하는 힘이 있지만 영화음악은 스토리와 연계되기 때문에 그 힘이 더욱 강해집니다. 이때 우리가 주로 기억하는 음악은 소위 영화의 메인 테마곡이라는 것입니다. 오래된 영화 중에는 닥터 지바고의 "라라의 테마", 시네마 천국의 "시네마 파라디소(Cinema Paradiso)" 등을 떠올릴 수 있으며, 애니메이션 《하울의 움직이는 성》의 왈츠나 영화 《타이타닉》 중 "My heart will go on"도 영화음악 선호도 상위 순위에 드는 곡들이지요. 그런데 사실 한 편의 영화에는 가장 기억에 남는 곡 한두 개만 있는 것이 아닙니다. 굉장히 많은 음악들이 하나의 영화에 사용되는가 하면 아예 음악을 사용하지 않는 경우도 있습니다.

먼저 음악을 사용하지 않는 경우부터 볼까요. 음악을 특별히 사용하지 않는다 함은 절대로 음악이 영화에 나오지 않는다는 것이 아니라 비디제시스 음악을 사용하지 않는다는 의미입니다. 앞에서 비디제시스 음악은 이야기 바깥에서 덧붙여진 음악이라고 했지요. 이런 음악을 사용하지 않는 감독들은 특별한 입장이 있어서 그런 것으로 보입니다. 비디제시스 음악으로 관객의 감정을 특정한 방향으로 유도하는 것보다는 이야기 자체와 이미지에 중심을 두는 것이 좋다고 보는 입장이지요. 그보다는 관객이 우리가 살아가는 세계 자체로 들어 가 있기를 원한다고 할까요. 영화 속 인물이 차를 탈 때 라디오에서 흘러나오는 음악을 들을 수 있고 커피숍에 갔을 때 그 장소에서 나오는 음악을 들을 수 있지만 후반 작업에서 덧붙여지는 비디제시스 음악이 영화 속 현실에 존재하는 것은 아닙니다. 현실을 조작에 의해 들여다보는 것이 아니라 영화가 현실 자체라는 생각이 이들 감독의 사고에 깔려 있다고 할 수 있습니다.

아무래도 작가주의 감독, 예술영화 감독들 중에 이렇게 음악을 사용하지 않는 경우가 많습니다. 그러나 대부분의 영화에서 음악은 거의 필수조건처럼 들어갑니다. 최근 할리우드 영화나 그 패턴을 따르고 있는 한국의 상업영화의 경우

☞ 다르덴 형제 감독과 음악

다르덴 형제 감독은 대형 영화관에서 만나기는 힘들지만 칸느영화제나 베를린영화제 등에서 수많은 상을 받은 벨기에 감독입니다. 이들은 영화에 음악을 거의 안 쓰는 것으로 유명합니다. 《로제타》, 《더 차일드》라는 영화에서 그랬습니다. 실업, 어른들의 무책임, 이민자 문제 등을 영화에 담았고 그들만의 스타일을 만들어 냈습니다. 이 스타일이란 것에 바로 음악을 사용하지 않는 것이 들어갑니다. 후에 《로나의 침묵》에서 자막이 올라갈 때 음악이 나온 것만으로 화제가 되었을 정도입니다. 그러던 감독이 《자전거를 탄 소년》에서는 베토벤의 5번 교향곡을 짧게나마 사용했는데 주인공의 마음의 위로, 버팀목 등을 표현하려 했다고 합니다. 그러나 다시 《내일을 위한 시간》에서는 음악을 사용하지 않았습니다. 이런 식으로 음악을 사용하지 않는 감독으로는 대만의 차이밍 량 감독도 있습니다. 이창동 감독도 《시》에서 몇 개의 디제시스 음악 외에는 비디제시스 음악을 사용하지 않았습니다.

보통 하나의 영화에 십여 곡의 음악이 들어갑니다. 그 많은 음악 중에는 영화에 리듬감을 주거나 마음의 상태를 표현하기 위해 동원되는 음악들이 있지만 대부분의 이런 음악들은 우리의 기억 속에 잘 남지 않습니다. 심지어 음악이 나왔는지도 모르는 경우가 많지요.

우리의 기억에 남는 음악은 메인 테마 음악이나 라이트모티프 음악들입니다. 메인 테마 음악이란 영화 전체의 주제가 압축되어 있는 음악이라고 할 수 있겠지요. 대부분 영화의 엔딩 장면에서 폭발적으로 영화 전체의 감동을 전하면서 주제를 상기시키는 기능을 합니다. 봉준호 감독의 《마더》에서 마지막 장면에 허벅지에 침을 놓고는 관광버스 안에서 춤을 추던 장면([그림18])에서 나왔던 음악이 있습니다. 이 곡은 이병우 음악감독이 작곡했는데 엄마라는 존재의 복합적 심리 상태를 잘 표현한 곡입니다. 《인셉션》 마지막 장면([그림19])에서 주인공 코브(레오나르도 디카프리오 분)가 비행기에서 눈을 뜨고 공항을 빠져나오면서 아이들을 만나기까지 흐르던 한스 짐머의 "타임"이라는 곡도 무의식에 깔려 있던 죄책감을 벗어내던 여정이 담긴 것으로 영화 전체의 감동을 전하는 곡이지요.

라이트모티프 음악이 메인 테마 곡과 의미가 중첩되는 것도 있지만 이 말 자체는 영화 속 특정한 인물이나 장소 등을 떠올리게 하는 곡을 말합니다. 영화의 OST 목록을 보면 "○

[그림18] 《마더》, CJ엔터테인먼트, 2011, 124m 02s.
[그림19] 《인셉션》, 워너브라더스, 2010, 139m 46s.

○의 테마"라는 곡들이 있습니다. 《닥터 지바고》의 "라라의
테마", 《해운대》의 "연아의 테마" 등이 바로 라이트모티프
음악입니다. 이 곡들은 그 인물이 등장할 때 나오는 곡으로
특정 인물을 떠올리게 합니다. 또 특정 장소, 사건, 관계 등
을 상기시키는 것으로 쓰이기도 하지요. 이런 곡들은 계속
같은 버전으로 쓰일 수도 있지만 극의 전개에 따라 변주되어
쓰이기도 합니다. 《러브 스토리》의 "스노우 프롤릭(Snow
Frolic)"이라는 곡은 주인공 라이언 오닐과 알리 맥그로우가

눈싸움을 하는 장면에 나왔던 곡으로 요즘도 눈이 오면 라디오에서 이 곡이 나오지요. 이 곡은 그들이 눈싸움을 하던 장소, 그들의 사랑 자체를 표현한 라이트모티프 음악입니다. 영화 속에서 이 곡은 사랑이 무르익을 때는 밝은 리듬으로 연주되지만 그들의 사랑이 아버지의 반대와 여주인공의 건강 등의 문제로 난관에 처할 때는 느리고 암울하게 편곡된 상태로 사용됩니다. 우리는 이런 '듣고 기억할 만한 음악'을 들으며 영화 전체를 다시 떠올려볼 수 있지요.

> ☞ 라이트모티프(leitmotiv)
>
> 원래 라이트모티프란 단어는 독일어로 '악극, 표제 음악 따위에서, 곡 가운데 반복적으로 나타나는 주요한 인물이나 사물 또는 특정한 감정 따위를 상징하는 동기'라는 뜻입니다.* 표제나 가사가 없는 음악도 있지만 음악이 스토리와 가장 크게 결합되는 방식인 오페라 음악에서 전형적인 라이트모티프란 것이 선보였습니다. 바그너의 친구 H. 볼초겐이 그의 논문 《바그너의 '신들의 황혼'에서의 동기》(1887)에서 처음으로 사용하여 유명해진 용어인데, 바그너의 후계자들에게 그 기법과 함께 계승되었습니다. 영화음악이 오페라의 음악 사용 방식을 도입하면서 영화에서도 이런 곡들이 자주 사용됩니다. 한편 연극이나 미술에서도 이 용어가 쓰이는데 연극에선 되풀이되는 어구를 뜻하고, 미술작품에서도 되풀이되며 무언가를 상기시키는 이미지를 의미한답니다.
>
> * 네이버 지식백과 중 두산백과 설명에서 인용.

◆ 그 장면에서 음악이 나왔던가?

이렇게 기억에 잘 남는 음악도 있지만 어떤 장면에 음악이 있었는지도 모르게 음악이 흘러나왔던 경우도 많이 있습니다. 이런 음악 사용은 심지어 하나의 기법으로 설명되기도 합니다. 영화음악의 사용 방법들이 체계화된 것은 할리우드 영화가 스튜디오 시스템을 갖추기 시작한 1930년대까지 거슬러 올라갑니다. 그 시기 각 영화사는 공장 체계처럼 스튜디오 시스템을 갖추고 전속 스태프들을 고용하고 있었습니다. 이 중에는 음악 부서가 있었고 자체 악단을 갖추고 있었지요. 영화의 흐름에 따라 나오는 배경음악이 패턴화되고 약간의 편곡만을 해가면서 전속 악단은 영화에 맞춰 음악을 찍

☞ **스튜디오 시스템**

할리우드 시스템이란 1930년대 그리고 1940년대 할리우드의 제작, 배급 시스템을 일컫는 말입니다. 이 시기 영화 제작사들은 자체 촬영소를 갖추고 스태프들을 고용했습니다. 각 스튜디오들은 배우, 장르 영화 등의 색채를 가지고서 수직적 독점 구조를 가지고 있었습니다. 그리고 영화에 대한 소유권을 가지고서 독점 배급망을 가지게 되었지요. 이런 방식은 공장 시스템과 유사해서 스튜디오를 영화공장이라고도 불렀습니다. 그런데 이런 독점 방식에 대해 1948년 미국 연방 대법원은 위법이란 판결을 내리고 이후 스튜디오 시스템은 막을 내리게 되었습니다.

어내게 되었습니다. 한두 곡은 특별한 선율로 기억에 남는 음악을 전면에 내세우지만 대부분의 음악은 음악이 나왔는 지도 모르게 말 그대로 배경으로만 깔리게 되었지요.

예를 들어 대사가 진행될 때 관객은 밑에 음악이 깔려도 대사에 집중하다 보면 음악이 나왔는지도 잘 기억할 수가 없 습니다. 그리고 음악이 리듬을 만들기 위해 나왔을 때는 음 향과 섞여 들리면서 역시 그 선율이 특별히 기억에 남지 않 습니다. 이를 두고 영화음악의 '불가청성(inaudibility of the music)'이라는 말이 생겨나기도 했답니다. 관객들이 영

☞ **불가청성 음악**

《죠스》의 음악감독은 존 윌리엄스입니다. 그는 오페라 음악 방식 을 활용하고 대형 오케스트라를 동원하고 다수의 비디제시스 음 악을 만드는 패턴을 영화음악에 정착시킨 작곡가 중 한 명입니다. 《스타워즈》, 《슈퍼맨》, 《E.T.》 등 많은 블록버스터 영화음악을 만 들었습니다. 작곡가 제임스 호너 또한 이런 패턴으로 영화음악을 만드는 작곡가로 《타이타닉》의 영화음악 감독이었습니다. 그가 음 악을 만든 《아바타》가 개봉되었을 때 영화 속에 몇 개의 음악이 나왔는지 기억하는가를 주변 사람들에게 물어보았던 적이 있습니 다. 이때 몇 개의 음악 빼놓고는 음악이 나왔던 사실을 기억조차 못하는 사람들이 많았습니다. 그런데 영화에는 음반에만 14곡의 음악이 실렸고 보너스 트랙까지 합치면 19곡이 됩니다. 실제로 영 화 내내 음악은 거의 쉬지 않고 흘러나왔습니다. 이 중 두세 곡 빼고는 거의 불가청성의 음악이었던 거지요.

화를 보는 것이 중요하므로 음악은 특별히 감상한다고 의식하지 않고 무의식적으로 들리게 하는 것이 좋다는 의견이 이 '불가청성'이란 말에 들어가 있는 것입니다. 이 전통은 스튜디오 시스템이 약화된 후 한동안 사라졌습니다. 60, 70년대 뉴아메리칸 시네마 시대에는 시스템 중심이 아니라 작가 감독이 중심이 된 영화들이 만들어졌고 이 시기에는 이렇게 패턴화된 음악을 잘 사용하지 않았습니다. 그러다가 《죠스》 같은 대형 영화들이 만들어지면서 다시 오케스트라가 동원된 음악들이 쓰이게 되고 테마음악, 라이트모티브 음악 등 전면화 된 음악 몇 개와 불가청성의 특성을 가지는 십여 개의 음악이 배경음악으로 쓰이는 패턴이 다시 정착되었습니다. 요즘 블록버스터 영화들이 전형적으로 이 방식을 씁니다.

그러면 우리나라에서는 어땠을까요? 한국영화의 황금기였던 1950년대, 1960년대에 제작사들의 규모나 시스템을 할리우드와 비교할 수는 없지만 우리나라도 이 시기에는 영화 제작사나 감독과 짝을 이루는 음악감독이 있었고 작은 규모나마 오케스트라 체계의 악단도 있었습니다. 《만추》의 이만희 감독과 전정근 음악감독이 대표적 짝이었습니다. 다작도 일반적이었는데 대표적으로 정윤주 음악감독은 1969년 한 해에만 35편의 영화음악을 만들었다고 합니다.* 패턴화

---

* 최지선, 「한국의 영화음악」, 로크미디어, 2007, p.38.

된 곡들, 불가청성의 곡들을 많이 활용하지 않고는 이런 숫자가 나올 수 없지요. 우리나라도 70년대 포크음악 가수들의 음악이 영화에 사용되는 등 변화를 겪다가 2010년 전후부터는 할리우드 블록버스터 방식으로 영화음악이 많이 만들어지고 있습니다.

◆ 임재범의 "너를 위해"는 어느 영화에 나왔을까요?

임재범의 "너를 위해"를 모르는 사람은 없겠지요. 그 노래가 2002년 제작된 영화 《동감》의 OST였다는 사실을 아는 사람은 그보다 좀 적을 것 같습니다. 그런데 그 노래가 1997년 에스더라는 가수의 "송애(松愛)"라는 노래의 리메이크 곡이라는 것을 대부분은 모를 것 같습니다. "너를 위해"가 "송애"라는 원곡에 가사를 바꿔 임재범 4집에 발표되고 같은 해 개봉된 영화에 쓰였을 때는 그리 많이 알려져 있지 않았지만 '나는 가수다'라는 프로그램을 계기로 이 노래가 전국적으로 알려진 것입니다. 이렇게 가요가 영화에 쓰인 경우도 있지만 실로 다양한 음악들이 영화에 사용됩니다.

우선 영화에 쓰이는 음악을 장르별로 구분하는 방법이 있습니다. 클래식 음악, 재즈 음악, 그리고 팝송, 힙합 등 각종 장르의 대중음악이 있겠지요. 클래식 음악과 영화의 결합은 무성영화 시절부터 시작되었습니다. 러시아 작곡가 쇼스타

코비치는 무성영화의 반주를 하는 아르바이트를 하다가 이십여 곡의 영화음악을 작곡했다고 합니다. 《아마데우스》, 《불멸의 연인》 등 음악가의 이야기를 다룬 영화에서 클래식이 쓰이는 것은 당연하지만 굳이 음악영화가 아닌 영화에서도 메인 테마곡으로 클래식이 사용된 사례는 너무 많습니다. 《스페이스 오디세이》에서의 R. 슈트라우스의 "짜라투스트라는 이렇게 말했다", 《대부3》의 마스카니의 "카발레리아 루스티카나 간주곡"([그림20]은 알 파치노가 회상하는 장면으로 에필로그에 해당하는 부분이며 마지막까지 이 간주곡이 이어졌습니다), 《쇼생크 탈출》의 모차르트 오페라 피가로의

☞ **잠깐 뒷이야기**

영화 《동감》에 삽입된 음악들

"너를 위해"가 유명해지면서 이 곡이 《동감》의 OST였다는 것이 알려졌고 많은 사람들이 영화 속에서 이 노래가 언제 나오나 찾아보았다고 합니다. 사실 이 영화의 주제곡은 홍선경이 부른 "슬픈 향기"라는 노래입니다. 영화의 여운이 퍼지기 시작하고 자막이 올라갈 때 꽤 긴 시간 나온 노래지요. "너를 위해"는 영화에서 그렇게 비중 있게 쓰이지는 않았습니다. 이 노래는 유지태와 하지원이 만나는 카페에서 흘러나오는 음악으로 나왔었지요. 즉 디제시스 음악으로 쓰였습니다. 중심 사운드가 아니었고 창밖에 카메라가 있는 숏에서는 노래가 잘 들리지 않을 정도였습니다. 그러나 이 음악이 예고편에 사용되었다니 아주 작은 비중만은 아니었지요.

[그림20]《대부3》, 파라마운트, 2004, 161m 44s.
[그림21]《쇼생크 탈출》, 워너브라더스, 2007, 69m 06s.

결혼 중 "편지 이중창"([그림21]은 교도소에 이 곡이 울려퍼
지던 장면) 등이 영화 속에 삽입된 클래식 음악입니다.

　재즈 역시 《버드》,《위플래쉬》같이 재즈 뮤지션을 다룬
영화에는 당연히 나옵니다. 재즈는 역사적으로 리듬과 분위
기를 달리하는 흐름들이 나오면서 다양화되었습니다. 스윙

은 20, 30년대를 배경으로 한 영화들에, 소울과 블루스는 흑인 잔혹사의 배경음악으로 잘 어울렸습니다. 쿨 재즈곡들은 느와르 느낌과 어울리면서 미국과 프랑스의 느와르 영화들에 많이 쓰였습니다. 특히 프랑스 영화 《사형대의 엘리베이터》에서 마일즈 데이비스의 곡이 쓰였으며 듀크 엘링톤은 미국의 《살인자의 해부》 영화음악을 맡는 등 재즈 뮤지션들이 영화음악 작곡가로서 활발한 활동을 했습니다.

팝송, 포크송, 록 음악 등도 각 장르의 특성에 맞춰 다양하게 영화에서 사용되었는데요. 저항성이 강조되는 록 음악은 70년대 반전운동의 배경으로도 많이 쓰였으며 실존한 록 밴드를 다룬 영화 《도어스》와 《보헤미안 랩소디》 등은 작품성을 인정받았습니다. 스튜디오 시스템에서 찍어나오는 듯한 영화음악을 거부한 뉴아메리칸 시네마 시기의 미국영화 《졸업》에서 사이먼 앤 가펑클의 음악이 사용되었고 OST곡들이 모두 크게 히트했습니다. 《8마일》이나 《노토리어스》 등 힙합 뮤지션들의 이야기에 나오는 힙합도 인기를 끌었고 최근 영화에 힙합이 특히 많이 사용됩니다. 2000년대 워킹 타이틀 영화들은 "Someone like you", "Love is all you need" 같은 팝송들을 소환하면서 독특한 매력을 만들어냈습니다. 이렇게 기존의 곡을 사용한 경우든 그 장르 분위기의 곡을 새로 만들었던 영화에 어울리는 음악 찾기는 계속되었습니다.

◆ "오리지널 사운드 트랙으로 듣겠습니다"라는 멘트를 들어 보셨나요?

영화음악의 소스를 구분하는 또 다른 기준은 기존의 음악을 사용하는 방식과 특정 영화만을 위해 새로운 곡을 작곡하는 방식으로 나누는 것입니다. 기존의 음악을 사용할 때는 곡의 선율과 리듬이 영화와 절묘하게 맞아떨어지는 곡이 있을 때겠지요. 남자 교도소의 험악하고 마초적인 분위기에서 부드러움의 속성을 환기시켜줄 음악으로 두 여인의 목소리가 어우러지는 "편지 이중창"이라는 아리아, 딸의 죽음에서의 비극과 아이러니를 전해줄 음악으로서의 마스카니의 간주곡, 우주 공간의 광활함, 웅장함을 표현하는 "짜라투스트

> ☞ **잠깐 뒷이야기**
>
> 영화음악 감독들은 영화음악을 만들 충분한 시간이 주어지지 않는다는 이야기를 합니다. 이렇게 시간에 쫓기는 이유는 영화음악이 화면을 보면서 후반 작업과정에서 작곡되는 경우가 많기 때문입니다. 그러나 《인셉션》의 경우 한스 짐머는 시나리오만 보고 대부분의 음악을 작곡했다고 하지요. 마일즈 데이비스는 어땠을까요? 재즈의 가장 큰 매력은 '즉흥성'이지요. 《사형대의 엘리베이터》에서 루이 말 감독은 편집된 영상을 보면서 마일즈 데이비스로 하여금 즉흥연주를 하게 했고 이를 사운드 트랙으로 담았다고 합니다.

라는 이렇게 말했다"의 거대한 북소리는 영화의 내러티브와 이미지에 절묘하게 어울리는 곡들입니다. 우리나라 영화 《접속》에 쓰인 벨벳 언더그라운드의 "pale blue eyes"는 극 중 한석규의 쓸쓸한 캐릭터 이미지와 잘 어울렸지요. 그러나 기존의 곡보다 더 어울리는 곡이 필요할 것이고 저작권 문제가 걸림돌이 될 때도 있습니다. 다른 한 편 영화음악 작곡가 풀도 넓어지고 사운드 디자인 시스템도 나날이 발전해왔습니다. 이런 조건에서 기존의 음악은 부수적으로 사용되고 하나의 영화만을 위해 작곡된 곡들이 점점 더 많이 사용되고 있습니다. 이렇게 영화를 위해 새로 작곡된 곡을 오리지널

☞ **original score**

score란 단어는 악보라는 뜻을 가지고 있습니다. '유일한', '독창적인'이란 뜻의 original이 붙으면서 영화음악에서는 기존 클래식 곡이나 대중음악 곡이 아닌 영화에서 최초로 선보이는 곡, 영화만을 위해 작곡된 곡을 지칭하는 말이 되었습니다. 줄여서 스코어 곡이라고 부르기도 하지요. 아카데미 영화음악상(작곡상)도 영어로는 베스트 오리지널 스코어상이라고 합니다. 《그래비티》의 스티븐 프라이스(Steven Price), 《반지의 제왕》의 하워드 쇼어(Howard Shore), 《타이타닉》의 제임스 호머(James Homer) 등이 우리에게 익숙한 수상자들입니다. 라디오 음악방송에서 "오리지널 사운드 트랙으로 듣겠습니다."라고 할 때는 오리지널 스코어 곡이든 이미 있던 곡을 사용한 것이든 영화 속에서 실린 상태 그대로 듣는다는 뜻입니다. 이 경우에는 대사도 섞여 들리고 다른 음향도 섞여 들릴 때가 있습니다. 같은 '오리지널'이란 단어가 앞에 있어도 뜻은 이렇게 다릅니다.

스코어 곡(original score)이라 합니다.

《시네마천국》의 엔리오 모리코네, 《인셉션》의 한스 짐머, 《아바타》와 《타이타닉》의 제임스 호너 같은 외국 영화음악가들은 바로 이 오리지널 스코어 곡들을 만드는 작곡가이지요. 우리나라에도 《마더》와 《국제시장》의 오리지널 스코어 곡들을 작곡한 이병우 음악감독을 비롯해서 《사도》, 《베테랑》의 방준석 음악감독, 《군도》, 《변호인》의 조영욱 음악감독 등, 오리지널 스코어 곡을 만드는 뛰어난 작곡가들이 많이 있습니다.

◆ 영화를 보고 흘리는 눈물에서 음악의 비중은 얼마나 될까요?

앞에 쓴 대로 들리지 않는 음악으로 영화의 흐름을 부드럽게 이어주는 목적으로 음악이 쓰이는 경우도 있지만 영화음악의 특별한 기능은 다음과 같이 정리될 수 있습니다. 음악은 결국 영화가 주는 느낌을 증폭시켜 주려는 것을 가장 큰 목적으로 하겠지요. 슬픔은 더 큰 슬픔으로, 환희는 더 큰 환희로 다가가게 합니다. 한국의 1950~60년대 신파조의 영화에서는 슬픈 음악을 들려주면서 눈물을 짓게 했었지요. 그 비중은 숫자로 말할 수는 없어도 매우 클 것입니다.

이렇게 슬픔이나 환희의 분위기를 표현하는 음악의 기능이 있다면 다음으로는 내재음악(디제시스 음악)을 통해서 영화 속 인물들에게 들리는 음악을 같이 들으면서 그/그녀가 있는 시대나 공간을 같이 호흡하게 하는 기능도 있습니다. 또 액션영화에서는 비디제시스 음악을 영상의 리듬에 맞게 사용해서 리듬감을 강화시키기도 합니다. 마지막으로 음악의 중요한 기능은 떨어진 시공간을 이어주는 기능입니다. 영화 속 인물이 현재 서울에 있는 성인이지만 시골 마을에서 뛰놀던 어린 시절을 회상하면서 현재의 상황과 과거의 상황이 교차하는 장면이 있다고 해봅시다. 이미지 편집을 통해 서울과 시골, 현재와 과거는 대비됩니다. 그런데 이때 음악이 사용되지 않으면 두 개의 시간과 공간의 교차가 매우 어색해보일 수 있습니다. 이때 분위기에 맞는 음악 혹은 특정

☞ **신파와 신파조**

신파란 관중의 취향에 영합하려는 의도에서 연극본래의 예술성보다는 흥행을 위주로 한 개화기의 연극을 말합니다. 구극을 구파라 하는데 반하여 신파극을 신파 또는 신파연극이라고도 부르며 저속한 흥미본위의 극이라는 뜻에서 신파조(新派調)라는 말까지 파생하게 되었다지요.* 그래서 때로는 메시지나 은유하는 것 없이 눈물을 짜내는 것만을 목적으로 만든 것 아니냐는 비판을 듣기도 했던 한국의 50~60년대 일부 영화를 신파조의 영화라고 칭했고 그때 특히 슬픈 장면에 나오던 단조의 슬픈 음악을 신파조의 음악이라 불렀지요.

* 네이버 지식백과(한국민족문화대백과) 중 '시나리오' 항목 인용.

한 인물이나 장소를 연상시키는 라이트모티브 음악을 사용하면서 시공간을 자연스럽게 연결시킬 수 있습니다.

이런 역할을 가장 효과적으로 사용한 장면을 꼽으라면 마틴 스콜세지 감독의 《셔터 아일랜드》(2010)의 장면을 꼽을 수 있습니다. 주인공 테디(레오나르도 디카프리오)는 전쟁과 아내로 인해 정신적 문제를 가지고 있는 사람입니다. 그는 셔터 아일랜드에서의 생활 중 과거 사건의 이미지가 문득문득 떠오릅니다. 그중에서 음악을 계기로 과거를 떠올리는 장면이 있습니다. 테드는 한 고택에 들어서자 말러의 "피아노 현악 사중주"가 방안 전축에서 흘러나오는 것을 듣게 됩니다([그림22·23]). 자신도 모르게 같은 곡이 흘러나오던 독일군 장교가 죽음을 맞이하던 장소를 떠올립니다([그림24·25]). 현재와 과거, 셔터아일랜드와 유럽의 시공간 차이가 있는 두 장면이 계속 교차합니다. 이때 장면만 바꿀 경우 생기는 어색함을 음악이 부드럽게 연결해주며 통일성을 부여해 줄 수 있습니다. 대부분 이런 경우 비디제시스 음악이 연결을 합니다. 《셔터 아일랜드》에서는 각각의 공간에 틀어놓은 전축에서 동일한 음악이 흘러나오는 방식, 즉 디제시스 음악으로 두 공간과 시간을 연결합니다. 음악이 계기가 되어 과거의 이미지가 떠오른 것을 표현하면서 음악의 통일성 연출이라는 기능까지 담은 명장면이라 할 수 있지요.

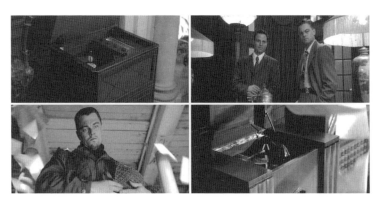

[그림 22·23·24·25] 《셔터 아일랜드》, CJ엔터테인먼트, 2010,
19m 43s. 19m 56s. 22m 5s. 22m 54s.

2. 시공간의 표현

◈ # 샵 혹은 우물정? 시나리오에서 이 기호는 어떻게 읽어야
할까요?

고등학교 국어 교과서에 시험에는 잘 안 나오지만 한 편
쯤은 실리는 시나리오를 보면 '#'이라는 기호가 있습니다.
#1, #2……. 이를 샵 1, 샵 2라고 읽지는 않지요. 바로 씬
(scene) 1, 씬 2 이렇게 읽습니다. 시나리오의 기본 단위인
이 씬을 나누는 기준은 시간과 공간입니다. 시간과 공간이
촬영의 기본 단위이기 때문입니다. #1이 낮 놀이터, #2가

초저녁 거실일 경우 두 개의 시공간이 설정되고 이에 맞춰 촬영이 진행되는 것이지요. #1의 낮 시간의 놀이터는 아이들이 노는 소리로 시끌벅적할 것입니다. 아이들이 미끄럼을 타다가 바닥에 엉덩방아 찧는 소리, 아이가 친구를 부르는 소리 등이 들리겠지요. #2의 저녁 거실에서는 텔레비전 소리도 들리고 가족들이 이야기하는 소리가 들립니다. 동시녹음 기사는 각각의 소리를 동시녹음으로 따놓을 것입니다. 이두 씬의 시간과 공간은 우선 이미지로 전해지는 것이 당연하지만 소리로도 전해질 수 있습니다. 이 공간을 표현하는 소리는 대체로 동시녹음에서 앰비언스를 녹음했다가 후반 작업에서 소리를 가감하면서 표현하지만 특별히 소리를 사전

☞ **씬과 시나리오**

시나리오라는 말은 영어의 scene이나 이탈리아어의 scena에서 유래한 것으로, 16세기 이탈리아의 즉흥 희극인 코메디아 델라르테(Commedia dell'arte)에서 주연자가 극의 줄거리와 배우의 소임, 각 장면의 기본적인 진행 등을 메모하여 공연 참고자료로 쓰게 되면서부터 생겨난 것이라고 합니다. 그러나 오늘날 미국이나 영국 등 영어권 국가에서는 시나리오라는 용어보다는 스크린플레이(screenplay) 또는 스크립트(script)라는 용어를 일반적으로 사용하고 있습니다.* 이렇게 지금은 다른 표현도 사용되지만 우리에게 가장 익숙한 시나리오란 단어 자체가 각 장면, 즉 시간과 공간으로 묶여진 장면을 어원으로 한 것이지요.

* 네이버 지식백과 인용

에 조사하고 기획해야 할 경우가 있습니다. 촬영 단위 수준에서의 시공간도 이미지와 소리가 표현하는 것이 있는데 몇십 년대, 중세 등 더 큰 단위의 시간과 공간에는 그 시공간만이 갖는 소리가 있기 때문에 사전 기획이 필요한 것입니다.

만일 영화 전체가 다루는 시기가 제2차 세계대전일 경우 그 시기에 쓰였던 총의 소리를 들려주려면 당시에 쓰인 총의 종류를 알아야겠지요. 《라이언 일병 구하기》의 첫 시퀀스는 노르망디 상륙 장면의 리얼리티가 매우 돋보입니다. 이때 들리던 무기 소리는 사용된 무기에 대한 조사 없이는 재현이 힘들 것입니다. 또 영화가 1930년대 상하이를 배경으로 한다면 그 시기에 상하이 지역에서 사람들이 듣던 음악이 무엇인지를 알아야겠지요. 이렇게 큰 단위의 시간을 표현할 때는 조사 작업이 필요한 것입니다. 그리고 특정 시대의 대표 소리를 음악으로 할지, 음향으로 할지, 또 음성언어는 어떤 어투를 기본으로 할지 이야기와 연결시켜 기획을 해야 합니다.

◆ 고대나 중세 배경 할리우드 영화는 왜 영국식 발음을 쓸까?

《라이언 일병 구하기》에서 1940년대라는 시간, 유럽의 전쟁터라는 공간에서 노르망디 해변의 파도 소리와 사람들의 외침 소리는 시대적인 특정한 소리가 아니지만, 무기 소리는 특정한 소리로 중요성을 가지게 됩니다. 이렇게 무기 소리라는 음향을 통해서 시대를 표현하는 경우도 있지만 영화에서 음성언어로 시대를 강조하기도 합니다. 움베르토 에코의 소설 『장미의 이름』은 숀 코넬리가 주인공으로 영화화되었습니다. 이탈리아인 움베르토 에코는 중세시대 이탈리아 북부의 한 수도원을 배경으로 소설을 썼습니다. 감독은 프랑스 출신 장 자끄 아노였지만 영미권, 더 나아가 세계적 배급을 위해 영어로 제작되었습니다. 그런데 이때 영어 발음은 현대 미국식 발음이 아니라 영국식 발음입니다. 여러 여건상 중세 이탈리아어를 사용하진 않았지만 현대 영어의 느낌과는 분명한 차이를 만들었던 것이지요. 마치 우리나라의 사극 드라마를 보면 독특한 말투로 현대물과 차이를 만들어내는 것과 같습니다. 완전한 고대 언어나 중세 언어를 사용할 경우 알아들을 수도 없거니와 고증도 힘들기 때문에 적당한 타협으로 이런 음성언어가 관행화된 것이지요.

공간을 음성으로 표현하는 방법의 하나는 방언을 사용하는 것입니다. 코엔 형제의 영화 《파고》에서는 배경이 된 미네소타 지역의 방언이 사용됩니다. 특히 여주인공 프랜시스 맥도먼드(Frances McDormand)는 이 지역의 방언을 잘 구사했다는 평가를 받았다지요. 우리나라도 호남지역이나 영남지역이나 배경이 분명하면 그 지역의 방언이 사용됩니다. 《친구》나 《국제시장》의 부산 특유의 억양은 영화의 공간적 배경을 분명히 해주고 있지요. 그런데 이 특정한 시간이나 공간의 언어가 현대 관객이 알아들을 수준으로 적당한 수준에서 발음하는 것이 관행이지만 다른 방식을 동원해서 사실성을 강화하는 경우도 있습니다. 《최종병기 활》에서 만주어를 사용한 것도 그런 노력의 일환이지요. 그런데 우리말인데도 자막을 사용하는 경우가 있습니다. 《지슬》이 그 경우입니다. 이 영화는 4·3 제주 양민학살을 다루었습니다. 1948년의 제주에서 사용된 언어를 현대 관객이 알아듣기란 힘듭니다. 이때 약간의 방언만을 사용할 수도 있겠지만 오멸 감독은 고증에 입각한 음성언어를 사용하며 자막을 넣었습니다.

이렇게 실제 존재하는 혹은 존재했던 언어를 통해 사실성을 강조할 수 있는 것은 그 공간이 현실에 있었기 때문에 가능합니다. 그런데 판타지 작품에서는 가상의 언어를 상상하고 만들어야 합니다. 《반지의 제왕》이나 《해리 포터》 시리즈에서는 가상의 시공간이 펼쳐집니다. 이 경우도 역시 영국식 발음으로 적당히 타협된 음성언어가 나오지요. SF에서는 어떨까요. SF는 미래가 배경이기 때문에 현대어가 이어진다는 전제하에 현대어를 주로 사용합니다. 다만 미지의 미래 생명체에게는 새로운 음성언어가 필요하겠지요. 이를 위해 사운드 디자이너들이 음성을 만들어내고 관객은 기존에 없는 음성언어를 듣게 됩니다. 위에서 언급한 영화 《에일리언》에 등장하는 에일리언의 목소리가 전형적인 예가 되겠지요. 그러나 에일리언은 음성언어라고 하기에는 다소 동물적인 특성

 〔그림26〕《에일리언》, 네오센스, 2008, 110m 52s.
　　　　　　〔그림27〕《디스트릭트9》, 소니픽쳐스, 2010, 27m 09s.

이 강한 데 반해 《디스트릭트 9》에 등장하는 외계인의 경우
는 알아들을 수는 없는 언어지만 의사소통을 하고 있는 음성
언어의 리듬감을 만들어냈습니다. 〔그림26〕은 에일리언이
우주선 밖으로 떨어지는 장면입니다. 이때 에일리언이 내는
소리는 사운드 디자이너에 의해 만들어진 것입니다. 사람의
음성을 섞었다지만 외침 소리 정도로 구체적인 의미를 말하

고 있는 것으로 들리지 않습니다. 〔그림27〕의《디스트릭트 9》의 외계인은 인간과 언어로 의사소통을 합니다. 특정한 언어를 모델로 한 것은 아니지만 억양과 리듬을 입혀서 구체적 의미를 전하는 언어로 들립니다.

가장 획기적인 것은《아바타》의 나비족 언어일 것입니다. 이 언어는 컴퓨터 사운드 작업으로 만들어낸 것이 아니라 언어학자에게 의뢰해서 완전히 새롭게 만들어졌으니까요. 상상의 공간에 상상의 언어라 할 수 있습니다.

음악은 시공간 표현에 다양한 방식으로 기여합니다. 가장 많이 쓰이는 방법은 디제시스 음악으로 그 시대에 흘러나왔을 법한 노래들을 들려주는 것입니다.《국제시장》에서 텔레

☞ **잠깐 뒷이야기**

《아바타》에서 나비족의 언어를 무엇으로 할지 고민을 하던 제임스 카메론은 완전히 새로운 언어를 만들기로 하고 미국의 남캘리포니아 대학 폴 프로머(Paul R. Frommer) 교수에게 의뢰했다고 합니다. 감독이 뉴질랜드 여행 중에 들은 마오리족의 언어 느낌이 영화 속 나비족 언어에 적절하다고 이를 중심으로 하자고 제안했고, 프로머 교수는 마오리족 언어를 기반으로 해서 유럽 아프리카 언어체계를 섞어 새 언어를 만들어냈다고 합니다. 놀라운 것은 《아바타》제작 이후에도 이 언어의 새 단어들이 계속 만들어지고 업그레이드 된다는 것입니다.《아바타》후속편도 염두에 둔 것이라고 하지요.

비전을 통해 흘러나왔던 "노란샤쓰 입은 사나이", 베트남 전쟁 장면에서 나온 "님과 함께" 등은 특정한 시기를 알려주는 데 보탬이 됩니다. 굳이 디제시스 음악이 아니더라도 비디제시스 음악을 영화의 배경 시대 음악으로 사용하는 예는 많습니다. 드라마 《응답하라》 시리즈에는 1988년도부터 90년대 후반까지의 많은 가요들이 극중 내러티브 진행에 맞춰 흘러나왔습니다. 디제시스 음악으로도 나왔지만 비디제시스 음악으로도 수많은 가요들이 나왔지요. 특정 공간을 표현하기 위해서 음악은 특정한 리듬이나 악기를 사용하기도 합니다. 《슬럼독 밀리어네어》는 영국 감독 대니 보일이 만들었지만 무대가 인도이다 보니 인도 특유의 뮤지컬 식 노래들이 많이 사용되었지요. 우리나라의 경우 《최종병기 활》에서는 음악에 몽고 악기를 사용했다고 합니다. 디스토피아적 미래를 표현하는 《블레이드 러너》나 《공각기동대》 같은 영화에서는 몽환적이면서 암울한 컴퓨터 음악이 배경음악, 즉 비디제시스 음악으로 사용되기도 했습니다.

◈ 10년간의 일을 4분으로 줄여서 말해보세요.

영화에는 스토리의 시간이 있고 플롯의 시간이 있습니다. 3시간 걸린 야구 경기를 영화에서는 2분으로 압축해 보여줄 수 있는데 여기서 3시간은 스토리 시간, 2분은 플롯 시간이

되는 겁니다. 스토리 시간을 압축할 때 가장 많이 쓰는 방법은 몽타주(숏들을 이어붙이기)입니다. 이때 일반적으로 음악을 많이 사용하지만 때로는 내레이션이 이 압축을 진행합니다. 《승리호》에서 유해진의 목소리로 김태호(송중기 분)의 과거를 이야기할 때 그가 겪은 몇 년의 시간이 5분에 압축됩니다. 《몰리스 게임》에서는 영화 앞부분에서 10년이 넘는 시간의 일을 4분 정도로 압축했는데요. 몰리 역을 맡은 제시카 차스테인의 빠른 내레이션과 리듬감 있는 음악이 결합되어 영화의 초반 흡인력이 커졌습니다.

이렇게 시간을 듬성듬성 끊어 모으는 방법이 아니라 연속된 시간을 줄이는 경우도 있습니다. 애니메이션이나 코미디에서 많이 쓰는 방법 중 하나는 비디오 빨리 감기 효과로 시간을 압축하는 것입니다. 이럴 때는 테이프가 빨리 감는 소리를 곁들여서 효과를 극대화시키기도 하고 빠른 속도의 음악을 사용하기도 하지요.

◆ 동작이 느려지면 소리도 느려질까요?

반면 스토리 시간보다 화면에서의 시간이 더 길어지는 연출이 필요할 때도 있습니다. 저스틴 커젤 감독의 《맥베스》에서는 전투 장면의 시간을 늘려서 보여주는 신이 있습니다. 처음 싸울 준비를 하는 시간에는 바람 소리와 차분한 음악

[그림28·29]《맥베스》, 판시네마, 2015, 4m 15s~7m 10s

소리만 들립니다. 그리고 상호 돌진의 시간에 함성소리가 들리다가 이내 거의 멈춘 것 같이 보일 정도로 느린 화면에 소리는 바람 소리만 들리면서 이 둘이 반복됩니다. 그리고 아주 느리게 비참하게 칼에 찔리고 피가 낭자한 병사를 보여줄 때는 느린 음악이 사용됩니다. 시간을 늘려 그 속의 비참함, 주인공의 시선 등을 담아낸 사례입니다.

길어진 시간을 사운드로 표현한 흥미로운 사례는 크리스토퍼 놀란의《인셉션》에서 에디뜨 피아프Edith Piaf의 "후회하지 않아 Non, Je ne regrette rien"라는 샹송의 사용에서도 볼 수 있습니다. 《인셉션》의 이야기는 꿈의 세계로 들어갈 때마다 실제보다 더 긴 시간을 담는다는 설정에 기반합니다. 그래서 꿈에서 깨어나라는 신호로 들리는 이 곡이 현실에서는 제 속도로 들리지만 꿈의 깊은 단계로 들어가면서 이 노래를 길게 늘여 사용했습니다. 'Non, rien de rien' 하는 첫 부분이 꿈속에서 길게 늘여져 들리는 것을 영화를 보고 바로 알아채는 사람은 거의 없을 것입니다. 그러나 이런 연출 내막을 알고 들어보면 '아! 그렇구나' 하고 아주 흥미롭게 들으실 수 있을 것입니다.

☞ **눈을 감고 어린 시절에 듣던 소리를 떠올려보세요**

영화의 많은 소재는 시나리오 작가나 감독이 직접 겪은 일입니다. 사건 자체에 대한 기억, 이미지에 대한 기억이 있었겠지요. 그런데 소리의 기억을 중요한 소재로 했다는 것, 그리고 그것을 재현하는 데 공을 들였다는 점에서 알폰소 쿠아론 감독의 《로마》는 영화 사운드의 역사에서 중요한 위치를 점합니다. 《로마》에서는 영화 처음부터 청소할 때의 물소리가 비중 있게 들립니다. 어린 시절 집 앞에서 나는 소리, 그 시절 극장 앞의 행상인 소리, 도심지의 가게에서 나오던 노래들, 이런 것들을 담느라 감독의 요청대로 사운드 팀은 멕시코에 오래 머물면서 소리를 수집했다고 합니다. 시나리오 작가나 감독을 꿈꾸는 분들은 재현하고 싶은 시절을 소리로 떠올리는 시간을 가져보는 것도 좋은 준비의 시간이 될 것입니다.

◆ 아날로그적 소음이나 컴퓨터의 금속성도 듣기 좋은 소리
가 될 수 있을까요?

《8월의 크리스마스》에서 가장 많이 나오는 장소는 사진관
안과 사진관 앞 도로입니다. 사진관 밖([그림30])의 다림(심
은하)이 정원(한석규)을 기다리는 장면, 둘이 마주치는 장면
등에서는 길거리에 차가 다니는 소리, 나뭇잎이 바람에 스치
는 소리 등이 들립니다. 사진관 안([그림31])에서 두 사람이
대화를 하거나 사진관에 다른 손님이 왔을 때는 사진관 밖에
서부터 자동차 소리와 행인의 소리 등이 들립니다. 이 사진
관은 서울 변두리에 있는 것으로 설정되어 있지요. 지나치게
차가 많지도 않아 적당히 자동차 소리가 끊기기도 했다가 다
시 들립니다. 그런데 영화를 잘 들어보면 앰비언스 소리에
비교적 소음이 많이 들리는 것을 느낄 수 있습니다. 보통 동
시녹음에서 따온 앰비언스 소리에서 소음을 제거하거나 작
아지게 만드는 작업이 후반 작업에서 이루어집니다. 그런데
이 영화에서는 어느 정도의 소음은 그대로 들립니다. 신기한
점은 이 소음 섞인 앰비언스가 그리 나쁘지 않다는 것입니
다. 실제로 90년대 어느 변두리 길가의 소리가 그대로 느껴
진다고나 할까요. 차 소리가 약해지면 바람 소리도 들리고
행인들의 소리도 들리는 그 시절 어느 길가의 나른함 같은
것도 느낄 수 있지요. 가능한 사운드에서 인위적인 요소를

[그림30·31]《8월의 크리스마스》, 다우리엔터테인먼트, 2002, 9m 3s; 27m 38s.

줄이려는 동시녹음의 달인 이병하 기사와 허진호 감독의 영
화 사운드에 대한 입장이 읽혀집니다.

그런데 미래, 우주, 이런 소재가 들어가면 동시녹음에 기
초한 아날로그적 감성에 호소하는 소리를 기대할 수가 없습
니다. 《이퀼리브리엄》이란 영화는 감정통제를 강요받는 미
래사회에 관한 이야기입니다. 영화 속 미래 사회에 사는 사

[그림32] 《이퀼리브리엄》, 아인스엠엔엠, 2003, 35m 24s.

람들은 프로지움이라는 약을 계속 투약하면서 감정을 통제해야 합니다. 투약을 안 하고 감정을 느끼고 표현하는 것은 중죄가 됩니다. 영화에서는 [그림32]처럼 흑과 백으로 이뤄진 도시, 금속의 벽 등이 이미지화 되었는데 소리도 이에 맞춰 발자국 소리만 울리며 강조될 뿐 자연의 소리도 없고 전체적으로 음악에서도 금속성 소리가 느껴집니다. 시공간 자체가 아날로그적일 수 없을 때 소리는 컴퓨터 소리에 의존해야 하는 거죠. 《터미네이터》처럼 SF라 해도 현실의 공간을 무대로 하는 경우는 간혹 동시녹음도 이용하지만, 독특한 미래 공간이 세팅된 경우라면 소리는 가상의 공간에 맞춰 디자인되는 것입니다. 한편 최근에 우주라는 공간과 관련된 영화들이 나름 과학적 이론에 바탕을 두고 사운드도 과학적 검토를 해가면서 적용한 영화들이 많이 제작되었습니다. 《인터스텔라》의 블랙홀에 빨려들어가는 소리, 《마션》에서 화성에서의 폭풍소리는 과학적 논란이 따르는 것이지만, 어쨌든 스토리에 충실한 소리를 디자인하려 여러 부분에서 노력했다고 합니다. 아날로그적 소음과 컴퓨터 금속성 소리는 각각 영화의 맥락에서 좋은 소리로 사용될 수도 있는 것입니다.

《그래비티》는 어땠을까요? 이 영화는 소리가 존재하지 않는 우주에서 어떻게 소리를 표현할 것인가를 고민하며 사운드 디자인 작업을 시작했다고 합니다. 이 영화에서 카메라는 외부에서 우주선을 찍거나 그 내부로 들어가 등장인물을 찍는 자리에 위치합니다. 카메라는 이렇게 우주선 외부 우주 공간에 있으니 소리를 들을 수 없지요. 그래서 이 영화는 소

☞ **사운드 스케이프(soundscape), 룸톤(room tone)**

사운드 스케이프는 소리를 뜻하는 sound와 풍경을 뜻하는 landscape의 합성어입니다. 레이먼드 머레이 쉐이퍼Raymend Murray Shafer란 작곡가가 이 단어를 처음 사용했는데요. 청각의 요소들이 한 공간의 풍경을 형성한다는 의미입니다. 그 소리 속에는 역사와 문화가 담겨있음 또한 강조됩니다. 90년대 서울역 대합실 소리와 2020년 서울역 대합실 소리는 서로 다른 사운드 스케이프가 되겠지요. 영화에서도 이 개념을 사용해서 공간의 소리를 만듭니다. 또 닫힌 공간의 소리를 룸톤이라 하며, 사운드 디자이너들은 이 룸톤을 염두에 두고 작업합니다. 비어있을 때의 그 공간의 소리를 녹음해보기도 하고 소리 반향의 정도도 고려하지요. 우주선 내의 룸톤, 영화 《룸》에서 갇혀있던 공간의 룸톤 등이 영화 속에서 어땠는지 떠올려 보실 수 있을 것입니다.

리의 중심을 인물에게 두었습니다. 이게 무슨 소리일까요. 여기서 바로 조금은 어려운 '청점'에 대해 알아보겠습니다.

3. 청점

◆ 영화를 보며 내가 듣는 소리를 영화 속에서는 누가 들을까?

베토벤은 귀가 안 들렸고 슈만은 정신적인 문제로 음악을 실제 소리대로 듣지 못하는 문제가 있었다는 것은 잘 알려진

> ☞ **잠깐 뒷이야기**
>
> 《인터스텔라》의 시나리오는 감독인 크리스토퍼 놀란의 동생 조너선 놀란이 썼습니다. 그는 이 시나리오를 쓰기 위해 상대성 이론을 공부하려 다시 대학을 다녔다고 합니다. 이 영화 내용의 전제가 되는 과학이론에 대한 논란은 계속 따랐지만 완전히 허무맹랑한 영화를 만들지 않으려는 노력은 가상하지요. 《마션》의 원작 소설의 작가인 아서 C. 클라크는 화성에서의 감자 재배 방법을 쓸 때 화학식까지 자세히 기술했다고 합니다. 이 영화들이 개봉된 후 한국에서는 과학 학습의 좋은 소재가 되어 부모들이 아이들에게 학습을 위해 많이 보여주었다는 보도도 있었지요. 그런데 이 시나리오 작가나 소설가는 소리에 대해서는 얼마만큼 고민했을까요? 사운드에 대한 고민은 결국 사운드 디자이너와 감독의 몫이었고 그들 나름의 논리와 감성대로 만들어진 소리를 우리는 영화에서 들은 것입니다.

사실입니다. 그래서 베토벤이나 슈만이 등장하는 영화들에는 소리를 듣지 못해서 괴로워하는 장면들이 있지요. 많은 음악가들이 창작의 고통과 예민함으로 힘든 삶을 살았음을 알 수 있을 것 같네요. 작곡가뿐 아니라 연주가도 비슷한 고통을 겪은 사람이 많습니다.

연주가 데이비드 헬프갓의 실화를 다룬 영화 《샤인》에는 천재 피아니스트가 겪었던 정신적 고통을 묘사하는 장면이 있습니다. 그는 아버지의 혹독한 교육으로 피아니스트로 성장할 수 있었지만 동시에 정신적 압박을 이겨내기 힘든 청년이었습니다. 그가 피아노 콩쿠르에서 세상에서 가장 연주하기 어려운 곡 중 하나라는 "라흐마니노프 피아노 협주곡 3번"을 연주합니다. 연주 초반에는 집중하는 모습으로 잘 연주합니다. 그러나 연주 후반부에 가서 데이비드 헬프갓에게는 정신의 혼미가 찾아옵니다. 화면은 〔그림33〕처럼 건반 위의 손을 보여주고 훌륭한 연주 소리를 들려줍니다. 이때 관객은 카메라가 보는 것을 보면서 카메라가 듣는 것을 듣습니다. 그러다가 갑자기 정신적 문제가 생기면서 주인공의 귀에는 자신이 치는 피아노 소리가 제대로 들리지 않습니다. 〔그림34〕처럼 카메라는 피아니스트의 땀 흘리는 얼굴을 클로스업해서 보여줍니다. 이때 주인공에게는 피아노 소리가 들리지 않고 웅웅거리는 소리와 아무것도 안 들리는 상태가 일정 시간 지속됩니다. 이때 관객은 카메라의 눈으로 보는

[그림33·34] 《샤인》, CJ엔터테인먼트, 2007,
62m 18s; 63m 38s.

것을 보지만 관객이 듣는 것은 카메라가 듣는 것(피아노 소리)이 아니라 데이비드 헬프갓이 듣는 것을 듣게 됩니다. 이후의 숏들을 보면 그는 완전한 연주를 마친 후 바닥에 쓰러집니다. 연주가 끝날 무렵 아주 심한 정신착란 상태였음을 이미 소리로 알 수 있습니다. 만일 카메라의 귀에 따라서만 들었다면 피아노 연주곡을 완벽하게 들었을 것입니다. 그러나 주인공은 손으로는 제대로 된 연주를 했어도 자신의 머릿속에서는 이상한 소리를 들은 것이고 그가 그런 정신적 어려움이 있었음을 알리기 위해 이 부분은 주인공의 머릿속 소리를 듣게 만든 것입니다. 이렇게 특정 인물이 듣는 것을 관객이 들으면 그때 관객은 그 특정 등장인물에게 동일화되는 경험을 하게 된답니다.

특별히 등장인물이 술이 취해 누군가의 목소리가 잘못 들릴 때, 정신을 잃고 쓰러졌다가 깨어나면서 주위 사람들의 목소리가 흐릿하게 들리기 시작할 때 전형적으로 이런 장면에서 특정한 사람의 귀에 들리는 비정상적인 소리를 관객이 듣게 됩니다. 이런 것이 바로 특정 인물의 청점, 즉 주관적 청점으로 사운드를 연출한 경우입니다.

☞ **시점과 청점**

시점이란 관객이 누구의 눈으로 영화 속 이미지를 보는가를 지칭하는 말입니다. 카메라의 시점이라면 카메라가 보는 것을 관객이 보는 것이고 등장인물 A의 시점이라면 A가 보는 것을 관객이 보는 것입니다. 청점이란 위의 설명에서 보는 것을 듣는 것으로 바꾸기만 하면 됩니다. 누가 듣는 것을 관객이 듣는가를 지칭하는 말이지요. 대체로 카메라가 듣는 것을 관객은 듣게 되지만 때로는 특정 인물만이 듣는 것을 관객이 듣게 할 때가 있습니다. 이를 주관적 청점이라고 말합니다.

97

[그림35·36] 《그래비티》, 워너브라더스, 2014, 8m 4s; 61m 51s.

◈ 관객인 내가 우주복을 입고 있나?

위에서 《그래비티》 감독에게는 우주에는 소리가 없는데 어떻게 소리를 만들까 고민이 있었다고 했지요. 그렇다고 우주를 배경으로 한 장면에서 음악만을 사용할 수도 없었을 것입니다. 카메라는 우주에서 소리를 담을 수 없어도 우주인들은 어떤 장치로라도 소리를 들을 수 있습니다. 《그래비티》는 대부분의 소리가 주인공들이 우주복을 입고 있는 상태에서 들리는 소리로 채워져 있습니다. 《그래비티》 사운드 디자인의 특징은 바로 이런 등장인물의 청점을 활용하면서 소리를 만들어냈다는 것입니다. 먼저 〔그림35〕와 〔그림36〕을 비교해보겠습니다. 〔그림35〕는 우주선 밖 공간에서 끈으로 연결되어 우주복을 입은 채 라이언 스톤(산드라 블록)과 맷 코왈스키(조지 클루니)가 대화를 하고 있는 장면입니다.

당연히 실제 우주에서 촬영한 것은 아니지만 시점으로 볼때 카메라는 가상으로 우주선 밖에 세팅되어 있음이 전제되지요. 우주 공간에서는 소리가 없습니다. 그러니까 카메라에 달린 녹음기는 아무 소리도 들을 수 없습니다. 그러면 그들의 대화는 어떻게 관객이 들을 수 있을까요? 두 우주인은 우주복 내에 장착되어 있는 통신기를 이용해서 대화를 합니다. 그래서 그들의 대사는 정상적 공기 속 음성이 아니라 통신기에서 들리는 음성이고 이는 대사를 녹음한 후 후반작업에서 특별한 음성 변조 방법을 이용해서 만든 소리일 것입니다. 이때 관객은 두 남녀 우주인의 귀에 들리는 소리를 들은 것입니다. 일종의 주관적 청점인 것이지요. 그러나 〔그림36〕은 다릅니다. 라이언 스톤은 여러 위험을 겪은 후 우주선 안으로 들어갔습니다. 거기서 지구의 소리를 우연히 듣게 되고 지구로 귀환할 결심을 합니다. 카메라는 우주선 내부에 세팅된 것으로 전제되지요. 여기서 라이언 스톤의 말소리도 제대로 들리고 코에서 나오는 숨소리도 들리며 지구의 아기 소리가 통신기에 수신된 소리로 들리기도 합니다. 카메라의 귀가

들은 소리를 그대로 관객이 듣게 되는 것이죠.

그렇다면 우주선 바깥에서 나는 소리는 어떻게 처리했을까요? [그림37]은 우주선이 충돌해서 기체가 폭발하면서 파괴되는 장면입니다. 만일 대기권 내에서 비행기가 폭발한다면 폭발음이 들렸을 것입니다. 그런데 이 우주 공간에서는 폭발음이 들리지 않습니다. 그렇다고 실제로 아무 소리도 안 넣는다면 플롯에서 중요한 지점을 구성하는 폭발의 이미지는 큰 인상을 남기지 못했을 것입니다. 이 부분에는 대신 강력한 음악이 나옵니다. 기체가 떨어져나가는 것에 맞춰서 리듬이 만들어졌고 폭발의 느낌을 강하게 해주는 악기가 사용되었지요. 특별히 사운드의 이런 고민들을 의식하지 않은 관객이라면 이 음악을 폭발 음향으로 들었을 정도의 음향적 음악이었습니다.

[그림38]은 드디어 지구 대기권으로 들어오는 장면입니다. 사진 속 지구의 땅과 물이 보이지요. 여기서는 착륙을 위해 불을 내뿜는 기체의 소리가 들립니다. 카메라의 청점으로 그대로 관객이 듣게 된 부분이지요. 《그래비티》는 이렇게 철저하게 공간의 음을 여러 측면으로 계산해서 디자인했습니다. 설정된 공간에 과학적 이론을 적용하고 그 이론에 크게 벗어나지 않으면서도 관객에게는 지루할 틈을 주지 않게 다양한 비디제시스 음악과 주관적 청점을 활용한 것입니다.

2009년 아카데미 작품상을 받은 영화 《허트로커》도 주관

[그림37·38] 《그래비티》, 워너브라더스, 2014,
12m 31s; 78m 04s.

적 청점을 멋지게 활용한 영화입니다. 《그래비티》와 달리 대부분의 장면에서 관객은 카메라가 듣는 것을 듣습니다. 그런데 주인공이 특별히 불안한 순간을 강렬하게 전달하기 위해 관객은 주인공이 투명 헬멧 안에서 들리는 소리를 듣게 할 때가 있습니다. 주인공 윌리엄 제임스(제레미 레너 분)는 이라크에서 폭탄을 해체하는 일을 합니다. 그가 폭탄을 해체하다 그 폭탄에 자신도 죽을 가능성은 언제든지 열려 있습니다. 〔그림39〕에서 제임스 병사는 폭탄 해체 작업을 위해 헬

 [그림39·40·41] 《허트로커》, 아인스엠앤엠, 2010,
17m 37s; 18m 55s: 19m 07s.

멧이 장착된 옷을 입고 동료들과 이야기합니다. 이때는 카메라의 청점대로 거리의 소음도 들리고 그들의 대화도 들립니다. 그러다가 [그림40]에서 제임스 병사는 목표물의 100미터 거리로 가까이 다가간다는 것을 듣고 의문의 연기를 보게 됩니다. 그리고 바로 이어 나오는 [그림41]에서부터는 제임스 병사가 헬멧 안에서 자신의 거친 숨소리를 듣고 관객은 그 소리를 듣게 됩니다. 이때 제임스 병사가 보는 앞의 거리는 핸드헬드 촬영으로 흔들리게 보입니다. 극도의 불안한 상태를 이미지와 더불어 자신의 숨소리를 듣는 주관적 청점으로 연출한 것이지요.

이런 장면을 보고 들으면 우리는 함께 그의 불안을 느낄 수밖에 없습니다. 특정 등장인물의 청점, 곧 주관적 청점을 얼마나 활용하는가는 영화마다 다릅니다. 그러나 많은 영화들이 카메라의 청점이 아닌 청점을 사용하고 있으며 이때 우리는 사운드를 통해 누군가가 되어보는 것입니다.

4. 사운드 대위법

◆ 이미지는 무서운데 소리는 아름답다?

위에서 비디제시스 음악이 극의 분위기, 등장인물의 마음을 표현하는 기능이 있다는 이야기를 했습니다. 주인공 남녀가 사랑에 빠져 있다면 달콤한 음악이 흐를 것이며 등장인물이 공포를 느낀다면 불협화음의 음악이 나올 것입니다. 그런데 꼭 그렇지만은 않습니다. 이미지와 사운드가 어울리지 않거나 심지어 반대 느낌을 만들어내면서 결합되는 경우가 있습니다. 그 대표적인 예가 전쟁영화 《플래툰》입니다. 이 영화의 메인 테마곡으로 쓰인 음악은 바버의 "현을 위한 아다지오"입니다. '아다지오'란 아주 느린 연주 속도를 지칭하는 음악 용어지요. 전쟁영화에서 아다지오 곡이 쓰인다는 것,

그것도 매우 격렬한 폭격이 진행되는 곳에서 이 곡이 흐른다는 것은 어쩐지 잘 안 어울린다는 느낌입니다. 일반적으로 격렬한 전투 시퀀스에서는 총소리, 폭탄소리가 가장 중심 사운드가 되며 총소리의 리듬을 살리는 음악이 깔리거나 총소리, 비명소리를 음악 없이 전면화시키는 경향이 있습니다. 그러나 《플래툰》에서는 베트남 민간인 지역을 불태우는 장면, 마지막 폭격을 받으며 철수하는 장면 등에서 이 "현을 위한 아다지오"가 중심 사운드가 됩니다. 현의 선율은 아름

☞ **잠깐 뒷이야기**

베트남전을 소재로 한 전쟁영화들은 명작의 반열에 많이 올랐습니다. 《디어헌터》, 《플래툰》, 《지옥의 묵시록》 등은 모두 베트남전을 다루었습니다. 베트남전은 미국인들에게는 끔찍한 역사적 트라우마입니다. 참전하지 말았어야 했던 전쟁, 수많은 미국 젊은이들의 생명을 잃고서도 아무것도 얻지 못한 채 철수한 전쟁입니다. 이 시기 반전운동은 문화적 격동과 맞물렸고 록, 히피, 뉴아메리칸 시네마 등이 이런 배경에서 탄생한 문화적 성과물이지요. 마이클 치미노, 올리버 스톤, 프란시스 포드 코폴라 등은 그 시대의 문화적 세례를 받은 사람들이었고 한번쯤 역사에 대한 비판과 반성을 영화로 표현하고 싶었을 겁니다. 이 영화들에서는 그런 전쟁의 광기와 비참함에 대한 성찰을 볼 수 있는데 《디어헌터》의 "카바티나", 《플래툰》의 "현을 위한 아다지오", 《지옥의 묵시록》의 "발퀴레의 기행" 등의 음악이 비중 있는 역할을 했습니다. 반면 이라크 전쟁에 대한 영화들은 《허트 로커》를 제외하고는 크게 주목받지 못했습니다. 반성적으로라도 생각하기 싫었던 전쟁이며 문화적 맞물림이 강하지 않았기 때문입니다.

답지만 비극적이고 처절한 느낌을 줄 수 있지요. 바로 이 곡의 그런 요소가 전쟁의 비극을 느끼게 해주기 때문에 사용된 것 같습니다. 실제로 미국인들에게 역사적 트라우마인 베트남전을 그린 영화를 통해서 전쟁 일반에 대한 생각과 느낌을 다시 경험할 수 있는 것에 이 음악이 한 역할은 큽니다. 그리고 《플래툰》이 최고의 전쟁영화 중 하나로 꼽히는 이유는 이런 효과적인 음악의 사용 때문이었습니다.

이렇게 이미지와 사운드가 전형성을 벗어나는 경우는 사운드가 이미지를 보조하는 역할에 머무르지 않을 때입니다. 즉 이때 사운드가 주는 독립적 느낌이 이미지의 느낌과 중첩되면서 복합적인 효과를 만들어낼 수 있습니다. 우리나라의 독립영화 《잉투기》에서도 이런 사운드 연출을 볼 수 있습니다. 영화의 마지막 시퀀스에서 남녀 주인공은 각각 일탈적 행위를 하면서 친구들, 시민들에게 해를 입힙니다. 이 장면에서 윤형주의 "우리들의 이야기"라는 노래가 나옵니다. 많은 관객들이 이 노래가 나오는 순간 피식 웃음을 터뜨렸습니다. 뭔가 엉뚱하다는 느낌을 주는 선곡이었습니다. 이 노래가 관객들의 기억에 남은 이유는 영화의 이미지에 전형으로 나오던 음악이 아닌 음악이 나왔을 때의 생소함 때문일 것입니다. 아름답고 예쁜 추억에 관한 노래 가사가 이 영화의 마지막 시퀀스의 의미와 무슨 연관이 있을까요. 주인공들의 행위를 예쁜 추억으로 봐줄 수 있다는 메시지일까요? 영화는 그렇게 간단하게 말하는 것 같지는 않습니다. 영화의 엔딩 자체가 주인공들이 자신의 상황을 극복하는 것에 방점을 찍은 것인지, 그들의 삶의 찌질함을 부각시키며 안타까움을 다시 한 번 표현한 것인지 관객에게 답을 하라고 요구하고 있습니다. 음악도 알아서 결합시키라는 것이겠지요. 이렇게 이미지 트랙과 사운드 트랙에 어울리지 않는 것을 배치하며 각각을 전면화시키는 것을 영화 용어로는 대위법적 몽타주라고 합니다. 이런 연출법은 사운드와 이미지 관계에만 적용되는 것이 아니라 사운드 트랙 간에도 적용될 수 있습니다.

☞ **대위법적 몽타주**

몽타주란 말은 '쌓다, 조립하다'라는 뜻을 가진 프랑스어입니다. 무성영화 시절 러시아 감독 에이젠슈테인은 몽타주를 편집의 연출법에 적용해 짧은 숏들을 이어 붙여 의미를 만들어내는 것을 뜻하는 용어로 사용했습니다. 이후 그는 숏들 간의 관계뿐 아니라 이미지와 사운드 간에 그리고 사운드 내에서도 이러한 수직적인 몽타주 연출이 가능하다고 말했습니다. 그러면 대위법이란 뭘까요? 대위법은 음악 용어로서 독립적인 두 선율이 따로 가는 것을 결합시키는 곡 형식을 말하는데, 돌림노래를 생각하면 쉽게 이해가 될 것입니다. 소프라노 혼자 중심 선율을 표현하고 나머지 성부는 보조만 하는 것과 대조됩니다. 대위법 속의 각각은 저마다 주인공이 될 수 있습니다. 그러면서 때로는 조화롭게 때로는 충돌하듯 함께 흘러가지요. 이미지와 사운드도 각각이 주인공이 되어 결합하고 사운드 내에서도 둘 이상의 트랙이 각자 주인공이 되어 흘러가는 것. 이것이 대위법적 몽타주입니다.

[그림42·43]《오발탄》, 영상프라자, 2002,
41m 08s; 41m 43s.

◆ 대조적인 두 소리가 섞이면 어떤 느낌이 들까요?

오래된 영화지만 최고의 한국영화 목록에 늘 오르는 것이
유현목 감독의 《오발탄》입니다. 이 영화에서 사운드 몽타주
의 좋은 사례가 보입니다. 영화의 주인공 철규(김진규)는 집
안의 온갖 고뇌를 떠안고 있는 가장입니다. 양공주인 여동생
또한 그에게는 고민거리입니다. 어느 날 철규가 버스를 타고
가다가 버스 속 승객들이 양공주에게 비아냥거리는 소리를
듣고 밖을 보니 여동생이 미군의 지프차에 있는 것이 보입니
다([그림42]). 그가 이들의 대화를 피해 약간 앞쪽으로 옮긴
상태에서 양공주에 대한 대화는 더 이상 들리지 않고 음악만
이 들립니다([그림43]). 이때 버스 안에서는 국악풍의 음악
이 나오고 지프차에서는 팝송이 나옵니다. 바깥 소리는 더

작게 들릴 테지만 감독은 이 두 소리를 비슷한 크기로 충돌시킵니다. 동생이 신경 쓰여 버스 밖 미군을 상징하는 팝송 소리조차 크게 들리는 철규의 심리가 표현된 것입니다. 관객은 이런 철규의 귀에 들리는 소리를 들으면서 그의 심리를 강하게 느낄 수 있게 됩니다. 덧붙여 이 부분은 팝송으로 대변되는 미국 문화와 국악으로 대변되는 한국 문화의 충돌과 공존을 사운드 몽타주로 표현했다고도 볼 수 있겠습니다.

독특한 음악 사용을 통해 수직적 몽타주를 영화 전반에 적용시킨 사례도 있습니다. 한 여인에 대한 순수하면서도 집착적인 사랑을 그린 《위대한 개츠비》는 금주법 시대인 1920년대를 배경으로 합니다. 미국의 대문호 스콧 피츠제럴드의 작품을 영화화한 시도는 세 번 있었습니다. 그중 가장 최근 영화화된 것은 바즈 루어만 감독의 작품입니다. 이 감독은 뮤지컬을 많이 연출했던 경험과 음악에 대한 전문가적 식견을 가지고 전작들과 다른 사운드 접근을 했습니다. 1920년대 미국은 돈이면 안 되는 것이 없고 신흥 재벌이 계속 생기던 시기입니다. 돈 자랑을 하는 화려한 파티가 여기저기서 열리던 시기, 재력가와 권력가들의 자유분방한 파티 장면에 동원된 음악은 당시 보드빌 무대에서 유행하던 빠른 템포의 재즈 음악이 아니라 바로 힙합 가수 제이지(Jay Z)의 음악이었습니다. 힙합은 존재하지도 않았던 20년대를 배경으로 그때의 의상을 입은 등장인물들이 제이지의 음악에 맞춰 춤을

〔그림44·45〕《위대한 개츠비》, 워너브라더스, 2013,
26m 07; 20m 29s.

춥니다. (〔그림44〕는 데이지의 남편이 내연녀 집에서 하는
방탕한 파티 장면이며, 〔그림45〕는 개츠비 집에서 열린 화
려한 파티 장면입니다. 두 장면에서 모두 힙합 음악이 사용
됩니다.) 이런 대위법적인 결합에서 음악은 시종 상대적 독
립성을 확보하면서 주목을 받습니다. 혹자는 이 결합이 몰입
을 방해한다고 하고 혹자는 너무 신선하다고 하며 평가가 많
이 갈렸습니다. 어쩌면 감독이 당대의 자유분방함과 방탕함
의 느낌을 극대화시키기 위해서 이 음악을 사용했을 수도 있

고, 관객이 낯설음을 느끼게 하려는 의도(이화작용)를 노렸는지도 모릅니다. 어느 경우든 시대 배경과 거리가 있는 음악은 시종일관 영화에서 관객의 귀를 독립적으로 자극하였고 그래서 이 영화는 대위법적 몽타주 사용의 좋은 사례라 할 수 있겠습니다.

6. 리듬감 표현

◆ 영화의 리듬에 눈과 귀를 맡겨볼까요?

리듬은 음악에만 있는 것이 아닙니다. 장단이나 강약의 반복되는 규칙적인 흐름을 음악에서 리듬이라고 하는데요. 미술에서도 선, 형 등이 비슷한 반복을 하면서 율동감을 줄 때 리듬이 있다고 합니다. 영화에 대해서도 리듬감이 있다는 평가가 가능합니다. 영화 이미지에서 리듬감을 발휘할 수 있는 부분은 편집입니다. 물론 한 숏 내에서 조명의 리듬도 있을 수 있고 색채의 리듬도 있을 수 있습니다. 길게 찍기 즉 롱테이크 영화일 때는 한 숏 내에서 이런 종류의 리듬을 만들어내기도 합니다. 한 숏 안에서 리듬감을 부여하기 위한 최적의 장치는 등장인물들이 리듬감 있게 움직이는 것이겠지요. 편집과 관련해서는 숏이 일정한 속도로 바뀌어나가는 것에서 리듬이 생깁니다. 롱테이크 영화들은 대중들에게 점점 지루하게 받아들여지고, 디지털 기술로 더욱 용이해진 다양한 편집기술 덕에 상업영화의 숏 전환은 점점 빨라지고 있습니다. 여기서 빠른 템포라 함은 한 숏의 길이가 매우 짧은 상태로 이어 붙여진다는 의미입니다. 그런데 이렇게 화면만 빠르게 바뀐다고 해서 관객이 리듬감을 즐기지는 못합니다. 사운드가 리듬감 구현에서 많은 역할을 해줘야 합니다.

사운드가 리듬감을 실어주는 최초의 노력은 극장에서 화면을 보면서 연주를 해주던 음악인들에게서 시작되었습니다. 무성영화 시절 극장에서 즉석 연주를 하던 음악인들은 화면 속 등장인물의 동작에 맞춰서 연주를 했습니다. 유성영

☞ **이화작용**

식물학에서나 예술학에서나 이화작용은 동화작용의 반대어입니다. 예술 용어로서 이 단어는 연극이나 영화에서 관객이 너무 연극에 폭 빠져서(동화작용) 비판적으로 감상하는 기능이 마비되는 것을 반대하면서 새로운 연출 방법으로 제안된 것입니다. 브레히트가 '낯설게 하기'라는 방법을 제창했지요. 낯설게 하기 장치는 여러 가지가 있습니다. 사운드로 할 수 있는 것은 이미지와 잘 맞지 않는 사운드를 내보내기, 카메라를 보고 직접 말하기, 대사를 중심으로 하지 않는 믹싱 방법 등이 있습니다. 《위대한 개츠비》에서도 이미지와 사운드가 다소 독립적이라는 점에서 이화작용의 효과가 엿보입니다.

화가 도입된 후에도 음악은 후반 작업 과정에서 만들어졌고 작곡가들은 영상을 보면서 영상에 맞게 리듬을 실어 작곡을 했지요. 그런데 사운드 리듬감의 획기적 진전은 애니메이션에서 일어났습니다. 디즈니 애니메이션에서 그림들을 이어 붙여 만든 애니메이션 속 동작이 음악과 조응하면서 리듬감을 만들어낸 것이 아이들에게 매우 인기를 끌었습니다. 이에 디즈니는 음악에 맞춰 애니메이션 그림을 완성해나가는 기술도 개발했습니다. 동물 캐릭터들의 움직임에 맞춰 음악이 끊어졌다 이어졌다 하는 것이 가능해졌고 이런 기술이 집대성되어 《판타지아》라는 걸작이 만들어졌습니다. 《판타지아》에서는 기존의 클래식 음악인 바흐의 "토카타와 푸가", 차이코프스키의 "호두까기 인형" 등에 맞춰 캐릭터들의 움직임이 멋지게 만들어졌습니다.

☞ 미키 마우징

앞에서 우리는 동기화, 싱크로나이징이란 용어를 다룬 적이 있지요. 미키 마우징이라는 것은 애니메이션에서 이 동기화의 정확도가 매우 높아 캐릭터의 동작과 사운드가 일치를 이루는 것을 뜻하는 용어입니다. 초창기 디즈니 최고 캐릭터는 단연코 미키 마우스였습니다. 미키 마우스에는 적대관계에 있는 고양이가 등장을 해서 추격전을 벌이는 장면이 많이 있지요. 때로는 살금살금 걷는 동작, 때로는 빠른 달리기 동작이 만들어지는데 이 때 음악이 정확히 그 동작에 맞춰지는 것을 일컫는 말입니다.

이렇게 캐릭터 동작에 사운드가 조응하는 방법만 있는 것은 아닙니다. 편집 기술이 발달하고 빠른 속도로 숏이 바뀌어나가면서 숏이 바뀌는 것과 맞춰진 리듬도 사용할 수 있습니다. 액션 장면, 빠른 숏의 전환 등 모든 것을 고려하며 음악을 만드는 작곡가들 중에서는 한스 짐머를 뺄 수 없습니다. 그는 《인셉션》, 《인터스텔라》, 《다크 나이트》 등에서 강한 리듬의 영화음악을 만들어냈습니다. 한스 짐머가 주로 구사하는 리듬은 각종 악기로 구사하는 연속된 짧은 박자인데 이런 짧은 박자가 최근 할리우드 블록버스터 영화에서의 빠른 동작과 빠른 편집에 조응하면서 영화의 리듬감을 최대치로 끌어올립니다. 한스 짐머가 대표적일 뿐 많은 외국의 작곡가들 뿐 아니라 한국의 작곡가들도 이런 빠른 비트의 영화음악을 곳곳에 사용하는 것을 볼 수 있습니다. 우리나라의 영화 중 숏 전환이 빠른 영화 《용의자》, 추격전, 액션이 많은 영화 《끝까지 간다》 등에서 이런 사운드와 이미지의 빠른 리듬감을 볼 수가 있지요.

◆ 세 박자로 걷는 걸음, 세 박자로 움직이는 마음

리듬에는 이렇게 빠른 리듬감만 있는 것은 아닙니다. 왈츠는 시대극 무도회 장면에서 클래식 음악을 사용하며 자주 등장하는 것이지만 그런 리듬감을 영화음악에서 활용할 수

[그림46] 《드래곤 길들이기》, 파라마운트, 2011, 54m 28s.
[그림47] 《대부》, 파라마운트, 2004, 26m 12s.

가 있지요. 《대부》의 왈츠는 오리지널 스코어 곡으로 영화
속에 이 곡에 맞춰 춤추는 장면이 있지만 단지 춤곡으로 전
달될 뿐 아니라 영화의 메인 테마곡으로 관객들에게 기억될
만큼 함축적 감정을 담아내고 있습니다. 무도회가 아니라도
이 왈츠 곡들은 주로 캐릭터의 부드러운 이동, 혹은 동선이
넓은 이동의 리듬감을 살리는 것에 많이 사용됩니다. 가장
먼저 떠오르는 곡은 애니메이션 《하울의 움직이는 성》의 "공

중 산책"입니다. 걸음에는 네 박자, 왈츠 춤에는 세 박자가 맞지요. 그런데 애니메이션 속 두 캐릭터가 공중 산책을 하는 장면에서는 지브리 스튜디오 특유의 프레임 수와 공중이라는 공간과 어우러지면서 걸음걸이가 세 박자 왈츠와 맞아떨어집니다. 역시 애니메이션인 《드래곤 길들이기》에서의 "로맨틱 플라이트(romantic flight)"도 드래곤을 타고 하늘을 나는 장면([그림46])에서 나오는 왈츠 음악입니다.

동작과 왈츠의 조응이 아닌데 왈츠풍의 곡들이 유난히 마음을 움직이는 경우들이 있습니다. 영화 《대부》의 왈츠는 결혼식 장면에서 춤곡으로 쓰이지만([그림47]) 오랫동안 영화의 여운을 간직하게 하는 비극적 정서가 들어가 있습니다. 이 곡은 영화 후반부에 다시 나오면서 앞 내용을 비장하게 되새김질하는 역할도 합니다. 《올드 보이》의 "우진의 테마" 곡인 왈츠, 《친절한 금자씨》의 "속죄"라는 제목이 붙은 왈츠 등도 묘한 슬픔이 결합된 왈츠곡으로 마음을 움직입니다. 우리의 심장이 그 리듬에 맞춰 움직이는 느낌이랄까요. 굳이 이미지와 리듬이 조응하지 않아도 관객의 심장에 리듬을 전달한다고 할 수 있겠지요. 음악만이 영화의 리듬을 만들어내는 것은 아닙니다. 목소리도 효과음도 리듬을 만들어내지요. 더빙된 영화를 볼 때 꺼려지는 것은 특정 언어의 리듬감이 상실되기 때문입니다. 음향 효과 역시 중요한 리듬을 만들어냅니다. 음성언어의 박자, 발자국 소리, 요리할 때의 칼질 소리, 움직임 소리, 이 모든 것이 영화의 리듬감을 살려주는 요소들이지요. 그런데 현실에서 듣는 크기로만 들려질 때는 그 기능을 하기 힘듭니다. 그래서 실제 소리보다 과장해서 음향을 넣는 경우가 많지요. 이 지점에서 사운드 연출의 과장과 축소에 대한 이야기로 넘어가보겠습니다.

6. 이미지 편집과 사운드

◆ 이미지와 소리가 똑같은 순간에 바뀔까요?

씬이나 숏이 바뀌면서 이미지와 소리가 같이 변할 때가 있습니다. 그때 얼핏 듣기에는 이미지와 사운드가 동시에 바뀌는 것 같습니다. 그런데 현대 대중영화에서는 이미지와 사운드가 넘어가는 순간을 같은 지점으로 하지 않고 대부분 사운드가 살짝 미리 나오거나 살짝 다음 숏까지 이어집니다. 소위 편집점이라는 것을 관객이 느끼지 않게 부드러운 이동을 하기 위함이지요. 그런데 특별히 그 소리가 미리 나오거나 나중까지 이어지는 것을 관객이 느낄 정도면 무언가 연출 의도가 있는 것입니다. 전조음 사용이 대표적입니다.

《관상》의 명장면으로 꼽히는 수양대군(이정재 분)의 등장 부분입니다. 김종서(백윤식 분)와 관상을 보는 내경(송강호

두 사람이 이야기를 나누는 장면	수양대군의 등장
두 사람의 대화	수양대군 등장에 나오는 음악

[그림48·49] 《관상》, KD미디어, 2014, 56m 45s; 57m 30s.

분)이 이야기를 나누고 있을 때([그림48]) 수양대군이 등장합니다([그림49]). 그런데 음악은 [그림48]부터 나오기 시작합니다. 사운드로 분위기를 먼저 이끄는 것입니다. 이를 트랙 그림으로 표현하자면 위와 같습니다. 위쪽 칸은 이미지 트랙입니다. 아래쪽 칸은 사운드 트랙인데 아래쪽 선이 더 앞에 그어져 있습니다. 즉 음악이 먼저 나온다는 뜻이지요.

[그림50·51] 《조커》, 워너브라더스, 2019, 8m 4s; 61m 51s.

영화 《조커》에도 플래시 포워드 효과로 미리 소리가 나오는 좋은 예가 있습니다. 영화 광고판을 빼앗기고 불량배들에게 매를 맞은 것도 억울한데 조커는 이제 해고라는 소리를 듣게 됩니다. 이 장면에서([그림50]) 조커는 표정이 점점 일그러져 가고 퍽퍽 무언가를 치는 소리가 들립니다. 다음 화면에서 그는 화를 못이기고 거리의 물건들을 마구 발로 차는 장면이 나옵니다.([그림51]) 이처럼 미리 들려준 소리가 다음 행동을 예고한 것입니다.*

거꾸로 앞에 나오던 사운드가 화면전환이 되어도 남는 경우도 있습니다. 《위플래쉬》에서 피를 흘리며 드럼을 칠 때 내던 소리가 장면전환 뒤에도 남는다든지 전쟁영화에서 총소리가 다음 씬으로 연장되는 것 등은 심리적으로 사운드의 영향이 남는다는 의미입니다.

---

* 《조커》, 워너브라더스, 2019, 18m 30s~19m 10s.

사운드가 바뀔 때 부드러운 전환을 위한 사운드 디졸브 기법이란 것도 있습니다. 앞에 나오던 사운드가 줄어들면서 뒤에 나올 사운드가 작은 소리부터 나오게 하는 방법인데 이때 두 개의 소리가 중첩됩니다. 이 역시 중첩을 관객이 알 수 있을 정도일 때가 있습니다. 《연평해전》에서 북한이 NLL 침범을 모의하는 씬이 나오고 음산한 음악이 나옵니다. 이어서 우리나라의 젊은이들이 축구 응원에 열광하는 장면과 사운드가 나옵니다. 두 사운드는 관객에게 느껴질 정도로 겹칩니다. 북한은 침공을 준비하는데 남편은 축구에 몰두하고 있다는 대비를 부각시키려는 연출 의도가 읽혀집니다.

◆ 촬영을 롱테이크로 하면 소리도 이어지나요?

롱테이크로 컷이 끊어지지 않을 동안 동시녹음도 끊어지

☞ **사운드 디졸브**

디졸브란 원래 화면 전환의 한 방법으로 한 화면이 사라짐과 동시에 다른 화면이 점차로 나타나는 장면 전환 기법입니다. 앞의 화면의 밀도가 점점 감소하는 것과 동시에 다음 화면의 밀도가 높아지면서 장면이 전환되는 것이지요. 이를 사운드에 적용해보면 앞의 소리가 일정 정도 줄어드는 과정에서 뒤의 소리가 나오기 시작하는 것이고 중첩의 시간은 조금씩 다를 수 있습니다.

지 않은 채 녹음되었겠지만 그 테이크의 연출 의도에 맞게 소리에는 영상보다 더 많이 손을 댑니다. 우선 《레버넌트》의 사례를 보겠습니다. 레버넌트에서 백인들이 인디언들에게 둘러싸여 꼼짝 못하고 한 지점에서 위협을 느끼는 씬에서 카메라는 계속 돌아갑니다. 이때 그들은 자기들은 포위되었다는 것을 알고 어디서 화살이 날아올지 몰라 겁을 냅니다. 그들은 등을 서로 대고 각기 총부리를 다른 방향을 향하고 서 있습니다.([그림52])

그리고 갑자기 화살이 날아오고 사람들이 화살을 맞고 쓰러집니다. 화살이 날아오는 소리는 멀리서부터 들리는 것이 아니라 그들 근처에 와서야 들리지요. 그들이 서 있는 동안은 숲속의 독특한 바람 소리 섞인 공간 톤과 긴장감을 고조시키는 일정한 북소리만 들립니다. 인디언들의 소리는 들리지 않지요. 일장한 시간 동안의 극도의 위협감을 소리로 잘 표현한 경우입니다.

롱테이크로 이동 장면을 찍을 때가 많은데요. 캐릭터가 이동하는 그 시간대로 소리를 정교하게 만들어내는 것이 쉽지 않기 때문에 대부분의 경우 음악을 사용합니다. 그런데 이 과정에 돌비 애트모스 방식을 활용해서 소리의 이동 과정 자체가 느껴지도록 만든 영화가 바로 《로마》입니다. 로마가 극장에 갔다가 돌보는 아이가 안 보여서 여기저기 찾으러 다니며 길을 왔다 갔다 하는 장면을 롱테이크로 찍었는데요

〔그림52〕《레버넌트》, 루믹스미디어, 2014, 06m 47s~07m 55s.
〔그림53〕《로마》, Neflex, 2018, 11m 40s~13m 10s.

(〔그림53〕). 이동하는 로마의 청점에 맞추어 사운드의 강조점이 달라지는 것을 느낄 수 있습니다. 로마는 아이를 찾느라 귀와 눈을 한껏 긴장시키고 걷는 상황이지요. 이런 로마에게 작게 들렸다가 가까이 가면서 크게 들리는 소리를 관객은 로마의 귀에 일치시켜 들을 수 있는 것입니다.

7. 소리의 과장과 축소

◈ 실제 소리가 이렇게 클까?

영화에서 사용할 소리의 소스가 동시녹음된 것이건, 폴리 아티스트가 만든 소리건 최종 작업에서는 각각의 트랙 소리의 볼륨을 조정하면서 여러 트랙이 합쳐져 소리가 들립니다. 그런데 어떤 소리는 현실보다 무척 크게 들릴 때가 있고 어떤 소리는 현실과 달리 들리지 않거나 아주 작게 들릴 때가 있습니다. 영화 속 사운드 세계는 현실과는 다르며 우리는 감독이 우리보고 무엇을 중심적으로 들으라고 연출한 대로 들을 수밖에 없습니다. 목소리를 잘 들리게 하는 것은 기본이지만 영화의 특정 소리가 강조될 때가 있습니다. 예를 들어 야구 경기에 관한 영화에서 마지막 승부를 가르는 결정적인 안타를 치는 순간을 생각해보세요. 대부분의 상업영화에서 이때 야구 방망이에 볼이 맞는 소리가 현실보다 엄청 크게 연출됩니다. 이렇게 소리를 크게 하는 경우는 첫째는 이야기 진행 과정에서 그 소리가 클라이맥스로서의 의미를 가지거나 다른 극적 전환이 되는 때입니다. 둘째는 특정인에게 강하게 들리는 소리를 관객이 듣는 경우입니다. 위에서 말한 주관적 청점이 되겠지요. 그 외에도 움직임의 소리를 크게 해서 관객에게 이미지와 결합되는 리듬감을 강하게 주려는 의도들이 있을 것입니다. 소리를 크게 내는 음원에 우리는 시각적으로도 더욱 집중하게 되는 경향이 있고 이를 연출에서 활용한 것이지요.

한편 소리를 과장하는 것과 반대로 소리를 축소하는 경우가 있습니다. 특정인이 어느 하나에만 신경을 써서 주변 소리가 다 안 들리는 것을 표현할 때는 주변 소리를 작게 믹싱합니다. 더 나아가 극단적으로 소리를 완전히 없애는 경우도 있습니다. '머릿속이 하얗게 되었다'는 표현을 쓸 때가 있지요. 청각적으로 표현하면 이 상황은 무음으로 처리될 것입니다. 등장인물이 자신의 귀에는 아무것도 들리지 않는 것을 표현하기 위해 그 부분을 무음으로 처리했다는 것 또한 주관적 청점을 활용한 것이지요. 그 외에 스릴러물 등에서 극단적 긴장을 표현하기 위해 큰 위협적인 일이 일어나기 전에 모든 사운드를 없애는 것도 자주 사용하는 사운드 연출 방법입니다. 무음을 사용한 명장면을 하나 꼽자면《지슬》의 엔딩 시퀀스를 들 수 있습니다. 제주의 4·3양민학살 사건을 그린 이 영화에서 동굴의 마지막 생존자들에게 토벌대가 총을 쏠 때 총소리 외에는 아무것도 안 들립니다. 비명 소리도 없이 총소리가 멈추고 아기의 울음소리가 잠깐 들립니다. 그 소리조차 끊어진 후 얼마간의 무음 속에서(〔그림54〕) 우리는 그 학살 현장의 비극을 절감하게 됩니다.

이렇게 일부러 무음으로써 상황을 강조한 경우도 있지만

123

 [그림54] 《지슬1》, 아트서비스, 2013, 100m 42s.
[그림55] 《대부3》, 파라마운트, 2004, 159m 50s.

실제로도 소리조차 나오지 않는 절박한 상황을 그대로 무음
으로 내보내는 경우도 있습니다. 《대부3》에서 알 파치노가
딸의 죽음에 오열하기 직전에 울음소리도 못 내는 상태에서
입을 벌린 채 있는 순간([그림55])은 이후에 터지는 오열과
강하게 대비되면서 슬픔과 충격의 감정을 극대화시킵니다.

8. 상호텍스트성

애니메이션을 볼 때 특정 목소리가 누구 목소린지 알아차리신 적이 있을 것입니다. 《토이 스토리》의 '우디' 캐릭터의 목소리를 듣고 이 목소리가 톰 행크스 목소리라는 것을 바로 알아차리는 사람들은 그가 나온 영화를 많이 본 사람들이겠지요. 애니메이션에서는 캐릭터에 맞는 목소리를 찾는 것이 굉장히 중요한 일인데요. 사실 《토이 스토리》 제작진은 이전에 톰 행크스가 리더의 역할, 주변인들을 위해 헌신하고 위기를 잘 이겨내는 역할을 많이 했기 때문에 그런 그의 이미지를 활용해서 목소리 캐스팅을 했다고 합니다. 목소리의 주인공을 알고 보는 관객은 이전의 톰 행크스에 대해 가지고

☞ **잠깐 뒷이야기**

유해진 배우가 《승리호》에서 목소리 연기를 어떻게 했을까요? 유해진 배우가 이 역할을 맡았을 때 처음에는 목소리 녹음만 요청받았다고 합니다. 그런데 본인이 촬영현장에서 동작도 같이 하면서 다른 배우들과 같이 호흡하며 느낌을 만들어내야 목소리 연기도 잘 될 수 있다고 제안을 해서 촬영과정도 함께 했다고 합니다. 배우 특유의 애드립도 이 과정이 없었다면 나올 수 없었겠지요. 캐릭터에 맞는 목소리를 만들어낸 것에는 그의 연기에 대한 프로의식이 한몫한 것입니다.

있던 이미지를 애니메이션에 중첩시켜 보게 됩니다.

《승리호》에서 유해진 배우의 목소리 연기도 좋은 예입니다. 로봇 업동이의 목소리 연기를 듣는 사람들이 한국 관객이라면 금방 유해진 배우 목소리라는 것을 알아차릴 것입니다. 그러고는 그가 다른 영화에서 보여준 재밌으면서도 의리 있는 이미지를 중첩시킬 수 있지요. 외국 관객은 이런 수용자로서의 상호텍스트성의 재미를 느끼기 힘들었을 겁니다. 특정 영화에서 외국인은 웃는데 우리는 웃음이 안 나오는 경우 이런 것들이 다 관객의 경험 차이에서 오는 것이지요. 상호텍스트성이란 이렇게 관객의 경험과 연동됩니다.

☞ 상호텍스트성

프랑스의 기호학자 줄리아 크리스테바(Julia Kristeva)가 처음 사용하여 문학과 예술 분야에서 사용되기 시작한 비평용어입니다. 문학비평에서 이 용어는 한 작품이 그것을 쓴 작가의 독창성에만 귀속되는 것이 아니라 기존의 여러 작품에서 차용하고 변형한 것임을 강조하며 쓰였습니다. 영화에서도 플롯, 촬영법, 편집방법 등 여러 면에서 이전의 작품에서 쓴 것을 차용하는 것을 이 용어로 설명할 수 있는데요. 때로는 특정 감독에 대한 오마주 차원에서 이전의 연출법을 사용하기도 합니다. 히치콕 감독의 연출법을 후배 감독들이 많이 사용한 것이 그 사례입니다. 한편 수용자 입장에서는 다른 영화에서 보고 들은 것을 특정한 작품에서 다시 보고 들으며 그 둘을 연결시키는 재미를 느낄 수도 있습니다.

[그림56] 《2001 스페이스 오디세이》, MGM, 2001, 16m 22s.
[그림57] 《월E》, 디즈니, 2008, 82m 10s.

사운드의 상호텍스트성은 음악 사용에서 더 많습니다. 가사가 있는 경우 그 내용과 스토리가 연결되는 것, 가수 이미지나 작곡가 이미지가 스토리와 연결되는 것 등이 모두 포함됩니다. 다른 영화에서 나온 음악이 같은 맥락에서 다시 쓰일 때도 있습니다. 스탠리 큐브릭의 《2001 스페이스 오디세이》에는 슈트라우스의 "차라투스트라는 이렇게 말했다"라는 곡이 쓰였습니다. 유인원이 자연에 부속된 존재이길 그치고 도구를 사용하면서 진화하는 극적인 장면에서 이 음악이 나오죠. 그런데 수십 년이 지난 후 애니메이션 《월E》에서 이 음악이 다시 쓰였습니다. 지구를 떠나 우주선에서 생활하던 인간들이 앉아만 있다가 다시 지구로 돌아갈 희망을 품고 일어서는 장면에서 이 곡이 나오는데요. 인간이 적극적으로 환경을 극복해나간다는 의미로 이 곡을 다시 불러낸 것입니다.

Ⅳ. 장르와 사운드

1. 갱스터 장르와 사운드

◆ 소리만으로도 장르를 추측할 수 있을까요?

    장르영화란 관객의 특정한 쾌락을 보장해줄 터이니 관객은 그 쾌락을 즐기러 오라는 약속에 기반한 영화들입니다. 관객들이 특정한 장르를 보러가는 것은 그 장르의 이야기 구조를 어느 정도 알고 있는 상태이고 결말도 어느 정도 예상할 수 있는 상태에서 이를 즐기기 위해서입니다. 로맨틱 코미디 영화를 좋아하는 관객은 주인공 남녀가 티격태격 다투다가 결말에서 멋있는 결합이 이뤄지는 것을 즐기지요. 서부영화를 좋아하는 사람들은 마을의 악당을 물리치고 유유히

떠나는 정의의 총잡이를 보는 것을 즐길 것입니다. 이야기 구조만이 아닙니다. 장르영화를 좋아하는 사람들은 그 장르 특유의 이미지와 사운드도 좋아합니다. 서부영화에서는 말, 총, 보안관 복장 등이 이에 해당되고 갱스터영화에서는 중절모, 총 등이 이에 해당합니다.

이미지뿐 아니라 사운드도 각 장르마다의 특정 기호들이 있습니다. 갱스터영화라면 총소리, 멜로영화라면 부드러운 음악, 서부영화라면 말 울음소리 등이 이에 해당됩니다. 이 소리들은 도상의 부산물로 나오는 것일 수도 있지만, 이 소리들을 잘 사용하면 장르 영화를 보는 쾌락을 극대화시켜줄 수 있습니다. 장르의 이름부터 사운드와 관련된 것이 있습니다. 바로 멜로드라마지요. 멜로드라마는 멜로라는 달콤한 음악을 동반한다는 것에 어원을 두고 있습니다. 당연히 멜로드

☞ **도상 기호**

도상은 icon을 말하는데 어떤 대상을 상징적으로 표현한 그림 기호라고 풀이됩니다. 우리가 'X세대의 아이콘', '무정부주의의 아이콘'과 같은 표현을 사용할 때 아이콘은 이미지화된 상징 표현이라고 할 수 있겠지요. 이것이 기호가 되어 기호를 표현한 자와 본 자 간의 소통이 가능해집니다. 장르영화에서의 도상 기호란 특정 장르에 관습적으로 등장하는 이미지를 말하는 것이고 관객은 그 이미지를 통해서 장르를 추측하고 장르를 즐기는 것입니다.

라마들에는 달콤한 사랑의 멜로디나 이별을 상징하는 비극적 멜로디가 사용되겠지요. 그리고 지금은 다른 장르와 혼합되거나 패러디 속에 보이는 정도지만 1950년대 전성기를 거친 서부영화의 경우는 말이 우는 소리, 특유의 휘파람이 동반되는 음악 등이 사운드 기호가 되었음은 쉽게 예상할 수 있을 것입니다. 우리는 사운드 디자이너, 공간의 소리 등의 장에서 이미 SF장르의 사운드가 어떻게 연출되는지를 보았습니다. 캐릭터의 음성도 공간 소리도 새로 창조해내야 하기에 이 장르는 컴퓨터 사운드에 많이 의존했고, 그래서 음향 전문가, 컴퓨터 사운드 전문가들이 영화산업에 많이 유입되는 변화도 생겨났습니다. 현대 영화에서는 장르가 혼합되는 경향도 생기면서 이런 장르적 특성을 가진 소리들은 한 영화에서도 다양하게 섞여 쓰일 수 있습니다. 여기서 우리는 갱스터, 호러, 코미디의 사운드 코드를 중심적으로 살펴보도록 하겠습니다. 이 세 장르가 가장 사운드 코드의 활용도가 높으며 다양한 용례를 보여주기 때문입니다.

◆ 영화관에서 처음 총소리를 들었다면 뛰어나갔을까요?

지금은 갱스터 영화에서 총소리가 들리는 것이 당연한 것이지만 처음 영화관에서 총소리를 들었을 때 관객은 경이감을 느꼈을 것입니다. 경이감 정도가 아니라 진짜 총을 쏘는

줄 알고 영화관에서 뛰어나가는 사례도 있었다지요. 1927년 유성영화의 출발과 함께 최초로 장르영화가 자리매김 되기 시작했을 때 처음 지배적 장르영화가 갱스터 영화들이었음은 사운드 발전사와 장르 사운드 기호가 무관하지 않음을 보여줍니다. 총소리 없는 총싸움 장면을 상상해 보세요. 그런 영화는 대중의 흥미를 끌 수 없었겠지요. 《리틀 시저》, 《공공의 적》 그리고 《스카페이스》 등의 초기 갱스터 영화에는 총소리가 등장하고 특히 《스카페이스》는 새로 나온 무기로서의 기관총 소리를 부각시켰습니다. 《스카페이스》의 주인공이 조직의 하극상을 달성하고 보스가 된 것도 바로 이기관총 덕이었습니다. 영화에서는 처음 기관총을 쏘는 장면이 극의 중요한 전환점이 되는 부분이었고 막 유성영화를 즐기던 관객에게 연속되는 큰 총소리는 압도적 힘을 발휘했을 것으로 추측됩니다.

◆ 하이힐 굽 소리, 재즈 음악도 장르 사운드

갱스터 장르 이후 수많은 장르가 할리우드에서 부침을 겪었습니다. 갱스터가 다양한 하위장르로 분화되면서 느와르 장르가 생겨났습니다. 느와르 장르에서는 팜므파탈이란 여성 캐릭터가 등장하지요. 이 팜므파탈의 상징이 바로 하이힐이었답니다. 그래서 느와르의 도상 기호는 특정한 카메라의 각도와 크기로 주목된 여성의 종아리와 하이힐이었습니다. (이 점에 대해서는 후대의 많은 페미니스트 평론가들이 남성 시선, 남성 응시에 대한 문제를 제기했답니다.) 당연히 하이힐 굽 소리가 사운드 기호가 되었겠지요. 한편 유럽은 장르 영화가 크게 발달을 하지 않았지만 프랑스의 갱스터 느와르 영화들은 총소리보다는 음악이 중요한 요소였다고 할 수 있습니다. 갱스터 영화에서 주인공은 갱이고 관객이 갱에게 동일화되는 것은 어쩔 수 없었습니다. 영화 속 갱은 그렇게 된 불운한 요소가 있었고 끝에 꼭 비참하게 죽는 것이 묘한 동정심을 유발했지요. 그래서 미국의 경우는 갱스터 영화 서두에는 사회의 나쁜 일을 막기 위해 이런 영화를 만들었다는 식의 자막이 등장하기도 했답니다. 그리고 갱스터 영화에 대한 실질적 규제도 생기면서 미국 영화들은 캅 영화(경찰, 탐정이 주인공이 되는 영화)들로 중심이 옮겨갔지요. 그런데 프랑스는 범죄자들에게 동정심이 가는 영화들이 많이 만들어졌고 가장 대표적인 것이 《암흑가의 두 사람》입니다. 이미 《사형대의 엘리베이터》에서 마일즈 데이비스의 재즈 음악이 사용되었고 《지하실의 멜로디》에서도 재즈가 사용되어 갱과 재즈라는 특이한 결합이 있었는데 《암흑가의 두 사람》에서는 서정적인 연주곡이 범죄자 출신 알랭 들롱에게 강하게 동일화되고 동정심을 느끼게 해주었습니다.

2. 호러 장르와 사운드

◆ 서프라이즈와 서스펜스는 각각 어떤 소리로 표현될까요?

사운드 효과가 많이 활용되고, 관객 역시 그 효과를 즐기는 장르는 공포 스릴러 영화입니다. 이 장르 영화를 좋아하는 관객들은 놀람(surprise)과 긴장(suspense)의 감정을 즐깁니다. 두 감정을 위해서는 각기 다른 사운드가 사용됩니다. 먼저 깜짝 놀라게 만드는 장면, 즉 갑자기 공포 유발자가 등장하는 경우를 볼까요. 이때 순식간에 놀라게 된 극중 캐릭터가 외마디 비명을 지르는 것 자체가 사운드 효과이며 관객들은 같이 소리를 지르게 되지요. 이때 음향이나 음악이 귀를 찢을 듯한 단발성 소리를 만들기도 합니다. 사운드가 더 중요한 역할을 하는 경우는 서스펜스와 관련된 경우입니다. 우선 음악이 그런 기능을 합니다. 불협화음, 오스티나토(같은 음으로 짧게 반복되는 음악) 등은 공식화되어 서스펜스를 강화시키는 데 사용되었습니다. 그리고 이미지와 관련해서는 외화면 사운드를 많이 활용합니다. 아직 공포 유발자가 등장하지 않았지만 곧 나타날 것임을 암시하는 동안 발자국 소리나 음악 소리 등이 서스펜스를 강화시키지요.

앞에서 《새》의 외화면 소리가 주는 긴장감의 사례를 보았지만 한 가지 사례를 더 들자면 《파라노말 액티비티》가 있습

[그림58·59] 《파라노말 액티비티》, 프리지엠, 2010, 21m 21s; 22m 05s.

니다. 이 영화는 페이크 다큐멘터리 형식을 취하고 있습니다. 자는 동안 일어나는 일을 찍기 위해 주인공 부부가 비디오카메라를 설치하고 잠이 듭니다. 영화 속 부부는 잠이 들었지만 관객은 비디오가 돌아가는 순간에 저절로 문이 열리고 닫히는 장면을 한 차례 볼 수 있습니다. 다음날 아침, 부부가 비디오를 확인하는 과정에도 관객은 그 장면을 다시 봅니다. 그런데 두 장면의 사운드가 다릅니다. 부부가 잠들었을 때 비디오 속 문이 열리는 장면에서는 '삐그덕' 소리가 나고 닫힐 때도 그 소리가 납니다. 또 그사이 어떤 움직임이 있음을 암시하는 소리가 납니다. 바람 소리 같기도 하고 울음소리 같기도 한 매우 음산한 소리입니다(그림50). 관객은 이때 강한 긴장감을 느끼게 됩니다. 반면 아침에 부부가 비디오를 확인하는 장면(그림51)에서 비디오는 방 안에 놓인 하나의 물건으로 자리하고 있고 부부의 대화 소리 등 다양한 소음 속에 묻혀 삐그덕 소리도 잘 안 들립니다. 그래서 이 장면에서는 앞의 사운드가 주는 공포감을 느낄 수 없습니다. 두 장면을 비교해보면 사운드가 있고 없고가 얼마큼 공포감을 느끼게 하는지 그 차이를 알 수 있습니다.

◆ 마음이 엉킨다고 소리도 엉킬까요?

스릴러 영화 중에서도 특히 심리 스릴러라는 하위장르는 공포의 요소, 긴장의 요소가 괴물 같은 외부의 공포 유발자에 있는 것이 아니라 인물 내부의 심리 속에 도사리고 있는 경우들입니다. 주요 캐릭터는 정신분열증을 앓고 있거나 집착이 심하거나 불안에 마음이 병들어 있습니다. 이들이 타인

☞ **잠깐 뒷이야기**

마음의 소리를 가장 잘 표현하는 감독으로 《레퀴엠》, 《레슬러》, 《블랙 스완》, 《노아》 등을 연출한 데런 아르노프스키 감독을 꼽을 수 있습니다. 그의 영화 속 캐릭터들은 중독, 집착, 불안 등에 시달립니다. 《레슬러》에서는 전성기 때 링 위에서 듣던 함성이 계속 자신을 자극하고, 질 것이 뻔한 경기에도 출전하는 레슬러의 모습이 그려집니다. 《블랙 스완》에서도 사운드를 통한 불안한 마음을 드러내는 장면이 많습니다. 차이코프스키 "백조의 호수"의 아름다운 선율이 뒤틀려 들리기도 하고, 머릿속이 멍한 듯 에코가 많이 들어간 소리가 들리기도 합니다. 데런 아르노프스키 영화들은 심리 스릴러물 사운드 연출의 교과서 격이라 할 수 있습니다.

에게, 심지어 자신에게 깜짝 놀랄 만한 행동을 하는 공포 유발자가 됩니다. 《어둠 속에 벨이 울릴 때》, 《위험한 정사》 등의 영화 속 여주인공은 한때는 남자의 애인이었지만 남자가 돌아서자 집착을 버리지 못하고 남자와 남자의 가정을 괴롭히지요. 《블랙 스완》에서는 자신이 갖지 못한 것을 가진 다른 무용수에 대한 질투와 불안감으로 마음이 병들어 자해하는 인물이 그려집니다. 이런 영화들에서 사운드는 앞의 경우처럼 서프라이즈 효과와 서스펜스 효과를 내는 것들이 같이 나옵니다. 그러나 특징적인 것은 마음의 병에 걸린 사람들이 내면에서 듣는 소리가 부각된다는 것입니다. 《블랙 스완》에서 유독 주인공 니나(나탈리 포트만)에게만 크게 들리는 웃음소리가 있습니다. 바로 자신이 부러워하는 무용수가 낸 웃음소리입니다. 엄마로부터의 압박감이 크게 느껴질 때는 엄마의 사진이 위협적으로 말하는 것 같은 소리를 듣는 장면도 있습니다. 이런 것들은 마음이 엉켜 있음으로 인해 발생하는 소리의 엉킴과 과장들입니다.

3. 코미디 장르와 사운드

◈ 동작 때문에 웃는가, 소리 때문에 웃는가?
코미디 영화에는 웃기는 방식에 따라 두 가지 유형이 있습니다. 우선 동작으로 웃기는 코미디가 있는데 이 유형의 대표적 배우는 찰리 채플린입니다. 초기 디즈니 애니메이션도 과장되고 웃기는 동작 중심으로 웃음 코드를 만들었으며 한국의 코미디도 구봉서, 서영춘, 배삼룡 등의 배우가 이런 코드로 1950~60년대 코미디 영화를 채웠습니다. 이런 코미디를 슬랩스틱 코미디라고 합니다. 슬랩스틱 코미디도 사운드가 동작에 리듬감 있게 곁들여지면 웃음을 더 크게 유발시킬 수가 있습니다. '미키마우징'이 처음 생겼을 때도 음악이나 음향이 움직임에 일치되면서 웃음을 배가시켰지요.

말로 웃기는 것이야 더할 나위 없이 사운드가 중요하지요. 물론 예상 외의 단어를 사용하는 것, 반대의 답, 난센스 등 웃음을 유발하는 말의 내용에 대한 연구도 많지만 우리의 사운드 관심에 합치되는 웃음 코드로는 다른 사람의 음성, 사물의 소리 등을 흉내 내기가 있습니다. 한국의 남보원 등 원로 코미디언부터 이어져오는 소리 흉내 내기는 요즘도 개인기라는 이름으로 많은 사람들이 행하고 있지요. 그 외에도 바보 말투, 사투리 등을 동원한 다양한 음성을 이용한 코믹 코드를 코미디 영화에서는 개발해 왔습니다.

스크루볼 코미디가 발전, 변형되면서 로맨틱 코미디는 오늘날까지 주요 장르로 자리 잡았습니다. 로맨틱 코미디의 기본적인 플롯은 두 남녀가 티격태격 다투다가 결말에 사랑이 극적으로 이뤄진다는 것입니다. 그 티격태격하는 모습이 웃음을 유발하는 말장난이 많이 섞일 경우 스크루볼적인 요소가 있지요. 물론 이 장르의 사운드는 말 개그에서 오는 것도 있지만 최근의 로맨틱 코미디의 사운드 중심은 음악에 있다고 할 수 있습니다. 특히 《브리짓 존스의 일기》를 필두로 영국의 워킹타이틀 제작사의 로맨틱 코미디 작품들은 적절한 곳에 가사가 있는 팝음악을 잘 활용했습니다. 기존의 음악이든 오리지널 스코어 음악이든 영화는 꼭 음악과 연결되는 경향이 있습니다. 특히 로맨틱 코미디의 진수는 사랑이 이뤄지는 마지막 장면을 얼마나 감동적으로 처리하는가에 있는데 이 부분에 감동적인 음악을 넣는 것이 매우 중요한 사운드 연출 요소가 되었다고 할 수 있습니다.

☞ **슬랩스틱 코미디, 스크루볼 코미디**

바보스런 걸음, 분장, 특이한 손짓 등 몸으로 웃기는 코미디를 슬랩스틱 코미디라 합니다. 무성영화 시대에는 몸으로 웃음을 만드는 것이 주요 방법일 수밖에 없었습니다. 유성영화 시대 할리우드에서 스크루볼 코미디라는 장르가 유행한 적이 있습니다. 계층이 다른 사람들이 등장해서 갈등하고 화해하는 내러티브 구조 속에 빠른 속도의 말들, 개그들이 넘쳐납니다. 언어가 주는 웃음에 많이 기댄다는 점에서 슬랩스틱과 비교됩니다. 이 장르는 로맨틱 코미디의 전신이라고도 할 수 있습니다. 요즘은 슬랩스틱 요소와 스크루볼 요소들이 코미디 영화에 골고루 쓰이고 있습니다.

나오는 글

"소리는 우리의 귀에, 머리에 남는다."

우리가 상영관에서 나오면 다른 소리의 세계가 기다리고 있습니다. 아직 영화가 끝나지 않은 다른 상영관에서 벽을 뚫고 나오는 소리가 있지만 완전히 극장 밖을 빠져나오면 자동차 소리, 웅성거리는 행인의 소리라는 새로운 앰비언스를 만나게 됩니다. 그런데 영화를 보며 들었던 소리는 우리의 뇌에 저장됩니다. 무의식 깊이 남았다가 매우 오랜 시간이 지나서 어떤 계기에 의해 소리가 떠올려질 수도 있습니다. 비슷한 소리를 들었을 때 영화가 생각나기도 합니다. 영화 속 만남과 이별을 비슷하게 겪을 때 영화 속 감미로운 음악이 떠올려지기도 하지요. 기억의 저장고에 남겨두기만은 아까운 음악이 있다면 우리는 그 음원을 구입해 수시로 듣기도 합니다. 기억에 가장 큰 자리를 차지하는 음악 말고 다른 사운드들은 저장되어 있다가 나중에 다른 작품을 볼 때 활용되기도 합니다. 특히 사람의 목소리를 기억하고 있다가 그 목소리가 다른 영화에서 인용되거나 애니메이션 등에서 목소리 연기로 활용될 때 우리는 알고 있던 배우와 그 목소리를 떠올리며 작품을 감상하고 이해하는 데 도움을 받습니다. 동일한 감독의 작품들에서 사운드 연출의 경향성을 발견하면서 평론가가 된 것처럼 재미를 느낄 수도 있습니다. 무엇보다 사운드에 관해 많이 알고 영화를 보게 되면 이미지와 결합되는 다양한 방식을 즐기고 영화에 대해 더 풍부한 감상을 할 수 있겠지요.

"이미지 혼자서도 사운드 혼자서도 할 수 없는 것이 있다."

이미지만으로도 예술이 될 수 있고 사운드만으로도 예술이 될 수 있습니다. 그러나 그 둘이 결합할 때만 만들어지는 의미도 있습니다. 그 결합은 영화 속에서 다양하게 이루어지고 있습니다. 감독들은 새로운 결합 양태를 계속 만들어낼 것입니다. 새로운 영화음악은 계속 등장할 것이고 상상의 소리도 계속 만들어질 것이고 이런 것들이 또 새로운 이미지들과 결합하겠지요. 영화 만들기에 종사하려는 사람들은 사운드에 대한 감각을 익히기 위해 사운드와 이미지의 다양한 결합 양상을 당연히 공부해야 합니다. 관객으로서도 영화에 나오는 다양한 사운드의 음원을 생각해보고, 프레임 안과 밖, 이야기 안과 밖의 결합이 이뤄지는 방식들을 이해하는 것은 중요합니다. 영화를 적극적으로 감상하기 위해, 적극적으로 여러 소리를 기억하고 영화에 맞춰 영화관도 선택하는 즐거움을 누릴 수 있으니까요.

■ 참고문헌

영화학 개론서

데이비드 보드웰·크리스틴 톰슨, 『영화예술』, 주진숙·이용관 옮김, 이론과실천, 1999.

자네티, L., 『영화의 이론과 실제』, 김진해 옮김, 현암사, 2001.

토마스 소벅·비비안 소벅, 『영화란 무엇인가』, 주창규 외 옮김, 거름, 1999.

사운드 이론 관련 서적

미셸 시옹, 『영화의 목소리』, 박선주 옮김, 동문선, 2005.

_____, 『오디오-비전』, 윤경진 옮김, 한나래, 2006.

_____, 『영화와 소리』, 지명혁 옮김, 민음사, 2000.

Altman, Rick, Ed., *Sound Theory Sound Practice*, Routledge, 1992.

Chion Michel, *Film, A Sound Art*, Columbia University Press, 2008.

Lastar James, *Sound Technology and the American Cinema*, Columbia University Press, 2000.

Weis, Elisabeth·John Belton, Ed., *Film Sound: Theory and Practice*, Columbia University Press, 1995.

O'Brien Charles. *Cinema's Conversion to Sound*, Indiana University Press, 2005.

영화음악 관련 서적

한상준, 『영화음악의 이해』, 한나래, 2008.

질 무엘릭, 『영화음악』, 박지희 옮김, 이화여자대학교 출판부, 2007.

이철웅, 『영화와 음악』, 이정선 음악사, 1998.

최지선, 『한국의 영화음악』, 로크미디어, 2007.

Beyond the soundtrack; *Representing Music in Cinema*, University of California Press, 2007.

Kay Dickinson, Ed., *Movie Music, The Film Reader*, Routledge, 2002.

사운드 디자인 관련 서적

데이비드 소넨샤인, 『사운드 디자인』, 이석민 역, 커뮤니케이션북스, 2009.

최유리, 『필름을 위한 사운드 디자인』, 예솔, 2000.

Whittington William, *Sound Design and Science Fiction*, University of Texas Press, 2007.